Los Hombres y las Mujeres Son del Edén

UNA GUÍA DE ESTUDIO A LA TEOLOGÍA DEL CUERPO
DE SAN JUAN PABLO II

Mary Healy

Traducido por Margarita de Larrauri y Dora Tobar

Nihil Obstat:
Rev. Isidore Dixon
Censor Deputatus

Imprimatur:
Rev. Monsr. Godfrey Mosley
Vicario General de la Arquidiócesis de Washington
9 de marzo del 2005

El *Nihil Obstat* y el *Imprimatur* son declaraciones oficiales que establecen que un libro o folleto está libre de error doctrinal o moral. No implica que quienes han concedido el *Nihil Obstat* y *Imprimatur* estén de acuerdo con el contenido, las opiniones o las declaraciones expresadas.

Los pasajes de la Biblia han sido tomados de la versión, *El Libro del Pueblo de Dios*, disponible en la página web del Vaticano:
http://www.vatican.va/archive/ESL0506/_INDEX.HTM

Citas del Papa Juan Pablo II, Audiencias Generales, en
http://w2.vatican.va/content/john-paul-ii/es.html. Buscar según el año y la fecha

Healy, Mary, 1964-
Men and Women Are from Eden: A Study Guide to John Paul II's Theology of the Body

1. Juan Pablo II, Papa, 1920. Teología del Cuerpo. 2. Cuerpo, Humano—aspectos religio-sos—Iglesia Católica. 3. Iglesia Católica—Doctrinas. 1. Título.

ISBN-13: 978-1981950072
ISBN-10: 1981950079

Publicado por Servant Books, imprimatur de Franciscan Media.
28 W. Liberty St.
Cincinnati, OH 45202
www.AmericanCatholic.org

†

A San Juan Pablo II el Grande
1920-2005
Fiel servidor de Cristo,
defensor de la vida humana,
papá para el mundo entero.

Reconocimientos

Este libro empezó como una serie de charlas sobre la teología del cuerpo, dadas a la Comunidad de la Madre de Dios en Gaithersburg, Maryland. Estoy muy agradecida a los otros dos conferenciantes, Padre Francis Martin y el Dr. John Grabowski, por compartir sus ideas sobre las enseñanzas del Papa, permitiéndome incorporar material de sus charlas en esta guía de estudio.

La inspiración para este libro es en gran parte el fruto del precioso ejemplo del matrimonio cristiano proporcionada por los miembros de la Comunidad de la Madre de Dios y por mis padres, familiares y vecinos en Munsonville, New Hampshire. Agradezco a ellos el haberme testimoniado el poder de la gracia de Cristo en sus relaciones.

También me gustaría dar las gracias a Lynn Cothern, Tony Bosnick y mi editor, y a Cindy Cavnar, por su apoyo y sugerencias, que mejoraron en gran medida el manuscrito.

Contenidos

Introducción

La sabiduría popular nos dice que "Los hombres son de Marte, y las mujeres de Venus".[1] Esta máxima humorística parece haber nacido de la experiencia. El hecho es que en lo profundo de cada corazón humano está inscrito el deseo de amar y ser amado, en una relación íntima y duradera. ¡Cuantas personas se pasan la vida persiguiendo este deseo! Sin embargo, para muchos que luchan con relaciones románticas frustrantes o que terminan en conflicto o rupturas, el amor parece una ilusión inalcanzable.

No podemos ignorar que el deseo de amor toca el centro de nuestra identidad como seres humanos. En palabras de San Juan Pablo II,

> "El hombre no puede vivir sin amor. Es un ser que es incomprensible para sí mismo, Su vida no tiene sentido, si no se le revela el amor, si no encuentra el amor, si no lo experimenta y lo puede hacer suyo, si no participa íntimamente en él."[2]

Estanterías enteras de libros están colmadas de manuales de auto ayuda, que ofrecen respuestas a nuestros deseos de amor y a los desafíos de nuestras relaciones con los demás, especialmente con los del sexo opuesto. Muchos de estos libros contienen consejos valiosos. Pero Juan Pablo II nos invita a algo más de fondo. Si queremos descubrir el verdadero significado del hombre y de la mujer, y las razones por las que nos relacionamos unos con otros, tal y como lo hacemos, tenemos que examinar no sólo nuestros *trucos* psicológicos o nuestros comportamientos típicos, sino lo que es más importante, lo que Dios nos ha revelado sobre nuestro origen último y fundante.

Dios nos llama continuamente a que "volvamos al comienzo"—para descubrir de nuevo *su* maravilloso plan para la humanidad. Sólo comprendiendo y viviendo de acuerdo con ese plan original podremos encontrar la respuesta a nuestra búsqueda y recuperar la esperanza de poder tener relaciones profundas, de amor auténtico. El secreto del hombre y la mujer se encuentra no en diferentes planetas sino en el relato bíblico de la primera pareja, creada por Dios y colocada en el jardín del Paraíso en el amanecer de la historia de la humanidad. ¡Los hombres y mujeres son del Edén!

Una nueva visión

En nuestro tiempo, Dios nos ha provisto de un maravilloso instrumento para redescubrir su plan original: los escritos de Juan Pablo II conocidos como "la teología del cuerpo". Estos escritos son un enfoque fresco y profundamente original de las enseñanzas de la Iglesia sobre el amor, el sexo y el matrimonio. Nos dan una visión totalmente nueva para comprender quiénes somos como hombres y mujeres y cómo podemos experimentar la felicidad que Dios ha destinado para nosotros.

El mensaje del Papa es sin embargo contracultural. Si miramos la actual situación en la cual se encuentran el hombre, la mujer, el sexo y el matrimonio, encontramos toda clase de realidades, menos el Paraíso. La filosofía egocentrista que prevalece, cuya máxima es "puedo hacer con mi cuerpo lo que quiera," ha llevado a un paisaje cultural de familias rotas, dignidad humana perdida, individuos solitarios y una confusión moral profunda. Y peor aún, nos enfrentamos a un espectro de mayores desastres: seres humanos creados en el laboratorio con el propósito específico de explotación y destrucción, una red masiva internacional de turismo de sexo, una industria billonaria de pornografía, un ataque cada vez mayor al plan de Dios para la familia.

No exageramos al decir que el sexo y el matrimonio están hoy en una crisis quizás mayor que en cualquier otro tiempo de la historia. Y en medio de todo eso, el Papa Juan Pablo II se atreve a decir que la respuesta se encuentra en el Edén; que el gozo de un verdadero amor duradero que se experimentó en el primer matrimonio antes de la caída, es posible aquí y ahora.

¿Es esto puro idealismo de un anciano célibe? Sus críticos así lo dicen. Pero los que han estudiado y puesto en práctica la teología del cuerpo, dicen que esta enseñanza es realista, les habilita, y les da una visión totalmente nueva para sus vidas, ya sean jóvenes solteros, parejas mayores, familias luchando por educar a sus hijos o aquellos que están sufriendo el dolor del divorcio o la viudez.

Mucho antes de que fuera Papa, Karol Wojtyla era amigo y consejero de cientos de matrimonios. El trataba con todo tipo de problemas en el confesionario. Pensaba, escribía y reflexionaba filosóficamente en el significado de la persona humana, el cuerpo, el amor y la sexualidad, en una época en que raramente un prelado lo hiciera. Como sacerdote y obispo joven, su punto de vista era considerado progresista y atrevido.

Ningún Papa jamás escribió tanto y tan profundamente sobre el amor humano como Juan Pablo II. Las consecuencias de sus reflexiones, su *teología del cuerpo*, son la providencia maravillosa de Dios para nuestro tiempo. Esto se debe en gran parte al hecho que los antiguos argumentos para las enseñanzas morales de la Iglesia simplemente no eran adecuados para enfrentarse a los retos del tercer milenio. No es que fueran falsos; simplemente no eran suficientemente convincentes para las personas que viven en un contexto social que ha cambiado dramáticamente. Nuevos problemas necesitaban una nueva visión, un nuevo marco y un nuevo vocabulario para hacer que las enseñanzas de la Iglesia sean convincentes y atractivas al momento de desvelar el resplandor de la verdad.

Juan Pablo II nos presenta una nueva visión de verdades que no son en sí nuevas sino que surgen del despliegue de verdades bíblicas no siempre exploradas. En efecto, nos dice el Papa, hay algo glorioso en el plan de Dios para el amor humano y la sexualidad, pero en una perspectiva que el mundo no siempre comprende. Y la clave decisiva, pero a menudo infravalorada para descubrir este plan es el *cuerpo* humano.

La bomba de tiempo

Inicialmente el Papa presentó la teología del cuerpo como una serie de enseñanzas impartidas en sus audiencias generales semanales durante los primeros cinco años de su pontificado (entre 1979 y 1984). Cabe sin embargo preguntarse por qué después de más de cuatro décadas, esta enseñanza oportuna y tan desesperadamente necesaria es aún relativamente desconocida por la mayoría de los católicos. A mi parecer, existen por lo menos dos razones principales:

La primera razón está en que las enseñanzas no son lo que llamaríamos una lectura fácil. Tienden a ser algo abstractas. Además, la mayoría de nosotros estamos acostumbrados a un razonamiento occidental o griego clásico, que pudiera llamarse lineal: El punto A lleva al punto B, que llevan a punto C, y así. El razonamiento del Papa en cambio es eslavo. Se pudiera describir como en espiral, y está mucho más próximo al pensamiento bíblico. Vuelve al mismo tema una y otra vez, pero siempre a distinto nivel, profundizando más. Toma tiempo acostumbrarse a esta forma de proceder.

La segunda razón es la atmósfera de discrepancia en la cual se han visto envueltas muchas instituciones católicas, en las últimas generaciones. Muchas universidades, oficinas de educación religiosas a nivel diocesano y de parroquias, así como colegios, han tenido menos interés en abordar temas de la doctrina moral de la Iglesia, especialmente en el área de la sexualidad. Esta situación ha mejorado considerablemente en años recientes, en parte por la presencia de los Institutos *Juan Pablo II* esparcidos por el mundo, donde la teología del cuerpo se estudia en profundidad y se aplica a los temas morales contemporáneos.[3]

El propósito de esta guía de estudio es por tanto contribuir a la difusión de las enseñanzas de Juan Pablo II, de tal forma que los laicos puedan realmente entenderlas de forma apropiada. Especialmente en su aspecto bíblico, ya que, como se verá, las enseñanzas del Papa son profundamente bíblicas.

Esta guía tiene también un propósito evangélico, ya que la teología del cuerpo es intrínsecamente evangélica. Sanar la visión metal del cuerpo y la sexualidad puede ser un instrumento poderoso para llevar la gente a Cristo. De hecho, no es posible comprender y aceptar la teología del cuerpo sin adquirir un respeto más profundo a por Dios y su magnífico plan. Tampoco es posible vivir esta enseñanza sin volverse hacia una confianza más profunda en el poder de la cruz de Cristo y el Espíritu Santo. ¡La teología del cuerpo es una buena noticia!

Karol Wojtyla reconoció hace mucho que estos asuntos relacionados con el cuerpo, el sexo, el matrimonio y la familia son en nuestros días *el* campo de batalla donde se juega la guerra entre el bien y el mal. Nosotros, que somos seguidores de Cristo, tenemos la inmensa obligación de comprometernos en esta batalla. Esta guía de estudio le proporcionará las herramientas para empezar a aplicar la teología del cuerpo a su vida y para compartirla con otros, de tal manera que también ellos pueden experimentar la belleza del plan de Dios. El biógrafo del Papa, George Weigel ha predicho que la teología del cuerpo "es una especie de bomba de relojería teológica destinada a explotar, con enorme repercusiones, en algún momento del tercer milenio de la "Iglesia."[4] ¡Todos debemos tomar parte en ayudar a que esta explosión ocurra!

¡Prepararse para la aventura!

Esta guía está diseñada para usarse en parroquias, comunidades, grupos pequeños, y también para el estudio individual. Aparte de este libreto, todo lo que necesitamos es una Biblia y un cuaderno para tomar notas. Los que deseen hacer un estudio más profundo pueden también referirse al *Catecismo de la Iglesia Católica* (CIC) y al Audiencias Generales del Papa Juan Pablo II.[5]

Cada capítulo de esta guía presenta una sección de la enseñanza de Juan Pablo II, en una forma que pueda ser fácilmente comprendida y aplicada a la vida real. Y al final de cada capítulo se ofrecen "Herramientas de estudio", con referencias de la Escritura y de la doctrina de la Iglesia, así como la referencia a la audiencia general que corresponde al tema, acompañada de un glosario de conceptos claves, preguntas para la oración personal y el estudio en grupos pequeños, una sugerencia de aplicación práctica, y un versículo de la Biblia para aprenderse de memoria. Los términos empleados en el glosario se resaltarán en negrilla la primera vez que aparezcan en el texto. Responder seriamente a las preguntas de cada unidad, y ojalá, confrontar las respuestas con otros, serán claves para una asimilación profunda de la teología del cuerpo, que lleve a un cambio de vida.

Cuando se use esta guía en un grupo pequeño, puede ayudar (aunque no es esencial) que haya alguien con experiencia en dirigir el diálogo. Esta persona tiene el importante papel de crear una atmósfera relajada y cálida, y de guiar la conversación de forma que todos tengan la oportunidad de compartir y sientan que sus respuestas son apreciadas. La conversación debe mantenerse enfocada en el tema, sin desviarse en apreciaciones subjetivas que alejen de las verdades objetivas de la teología del cuerpo. Una actitud de entusiasmo genuino y de amor por la Palabra de

Dios y por las enseñanzas de la Iglesia pondrán un tono positivo en todo el grupo.

Las preguntas hechas al final de cada capítulo van desde lo informal e interpretativo a lo personal. Todos los participantes deben ser animados a compartir a un nivel en que se sientan cómodos, sin sentirse presionados.

Un formato recomendable para desarrollar los encuentros en pequeños grupos es comenzar con una conversación informal para que las personas se vayan conociendo. Se seguirá después con una oración breve, pidiendo al Señor su presencia y sabiduría para ayudar a entender y aplicar lo que se está aprendiendo. Seguidamente, se hará un corto resumen de lo dicho en el capítulo, sección por sección. Finalmente, se recomienda comentar y debatir las preguntas que vienen al final de capítulo.

El debate será muy fructífero si los participantes han leído el capítulo durante la semana anterior y han escrito sus respuestas a las preguntas. Algunos grupos pueden querer separarse en parejas para abordar las cuestiones más personales. Si el grupo se reúne con regularidad para trabajar en esta guía de estudio, se desarrollarán relaciones de confianza, y la gente se sentirá libre de compartir a un nivel más personal. La reunión debe concluirse con otra oración, pidiendo a Dios la gracia de aplicar durante la semana lo que se ha aprendido.

Los que están interesados en aprender más, pueden servirse de los recursos para un estudio más profundo, que encontrarán al final de este libro. Si surge una cuestión relacionada con las enseñanzas de la Iglesia o el significado de un pasaje que el grupo no puede responder, se aconseja dejarlo en espera hasta tener la oportunidad de investigar o consultar una persona versada en el tema.

¡Profundizar en la teología del cuerpo es una aventura! Encontrará que estas enseñanzas ampliarán su mente, y profundizarán su comprensión de la Palabra de Dios, al tiempo que pueden retarlo a cambiar posibles formas erradas de pensar sobre el amor, y moverlo en cambio a que ame más generosamente. Una actitud de oración y un corazón abierto a la verdad que sólo Dios puede llevar a nuestra vida interior, serán sin duda las mejores herramientas para adentrase en el estudio de la teología del cuerpo.

Capítulo Uno

Volver al Principio

Juan Pablo II empieza sus enseñanzas sobre la **teología del cuerpo** de una forma sorprendente. En vez de iniciar con un argumento elevado, como podría esperarse, el Papa toma como punto de partida un episodio del Evangelio de Mateo sobre el divorcio. Su enfoque, sin embargo, no es el divorcio en sí, sino más bien una expresión discreta que va a retomar una y otra vez, durante sus siguientes alocuciones. La expresión es: *"desde el principio"*, ó, *"al principio"*.

> "Se acercaron a él algunos fariseos y, para ponerlo a prueba, le dijeron: «¿Es lícito al hombre divorciarse de su mujer por cualquier motivo?». El respondió: «¿No han leído ustedes que el Creador, *desde el principio*, los hizo varón y mujer; y que dijo: "Por eso, el hombre dejará a su padre y a su madre para unirse a su mujer, y los dos no serán sino una sola carne"? De manera que ya no son dos, sino una sola carne. Que el hombre no separe lo que Dios ha unido». Le replicaron: «Entonces, ¿por qué Moisés prescribió entregar una declaración de divorcio cuando uno se separa?». El les dijo: «Moisés les permitió divorciarse de su mujer, debido a la dureza del corazón de ustedes, pero *al principio* no era sí. Por lo tanto, yo les digo: El que se divorcia de su mujer, a no ser en caso de unión ilegal, y se casa con otra, comete adulterio»."
>
> —MATEO 19,3-9 (se añadió el énfasis en cursiva)

En esta escena los fariseos intentan poner una trampa a Jesús haciéndole una pregunta sobre los fundamentos legales para el divorcio. Si él dice, "Si, es legal," ellos pueden acusarle de laxitud moral. Si dice no, pueden acusarle de ser un rigorista severo.

Pero Jesús rechazó responder a su nivel. En cambio él les remite al Génesis, a la intención original de Dios para la humanidad. Solo al descubrir el plan original que él trazó, podremos comprender nuestra propia situación y encontrar las respuestas a nuestras preguntas sobre el sexo y el matrimonio. Para comprender quiénes somos ahora, tenemos antes que volver al Edén.

Pero Jesús también indica que algo ha cambiado. Ahora que él ha venido, la situación que prevalecía bajo la ley de Moisés ya no es vigente. ¡La dureza de corazón y la ruptura familiar resultante ya no son consecuencias inevitables del pecado! Hay una nueva fase, una nueva realidad en su lugar, con un nuevo poder que nos permiten experimentar lo que Dios siempre quiso para nosotros. Por otra parte, no se trata de volver "al comienzo," para lamentar lo que hemos perdido para siempre. Porque Cristo ha venido, no sólo la inocencia y belleza del plan original pueden ser restauradas sino que de hecho, algo nuevo y más grande puede llegarnos.

Más adelante en sus enseñanzas el Papa mira de cerca otro pasaje del Evangelio de Mateo (Mt. 22,23-33), que servirá como un segundo punto de referencia para la teología del cuerpo. Esta vez los saduceos intentan poner una trampa a Jesús preguntándole sobre la resurrección y una mujer casada siete veces. Aquí Jesús habla del *final,* dela resurrección a la vida eterna, después de que el venga otra vez en gloria, como la otra clave para comprender el plan de Dios para el amor humano.

Así, Juan Pablo II pone toda su enseñanza en el marco del plan desplegado por Dios entre estos dos puntos de referencia—"el principio" y "el final" de la historia humana.

Él imagina el plan de salvación en cuatro etapas:

1. Humanidad original (Paraíso)
2. Humanidad caída
3. Humanidad redimida
4. Humanidad glorificada (Paraíso otra vez)

La primera y última etapas están totalmente fuera de los límites de nuestra experiencia. La única forma en que podamos comprender o imaginarlas es a través de la palabra autorizada de Dios en la Biblia. La segunda y tercera etapas son la historia, tal como la conocemos: humanidad caída y redimida, que se superponen o coexisten en nuestra experiencia.

Podemos ver las etapas en un esquema como este:

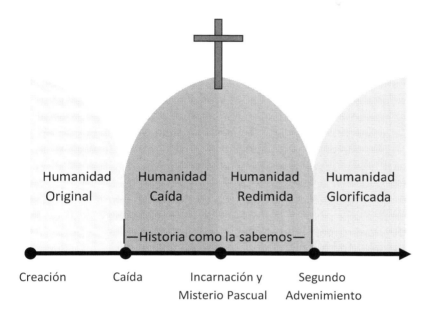

| Humanidad Original | Humanidad Caída | Humanidad Redimida | Humanidad Glorificada |

—Historia como la sabemos—

| Creación | Caída | Incarnación y Misterio Pascual | Segundo Advenimiento |

Los capítulos del 2 al 5 en esta guía de estudio abordarán estas cuatro etapas consecutivas. En el presente capítulo se resaltarán en cambio algunos principios básicos de la teología del cuerpo.

"Varón y mujer los creó"

Como se indica arriba, Jesús declara solemnemente que el matrimonio es indisoluble (irrompible), y para justificarlo hace referencia a la intención del Creador "desde el principio". Con ello indica *que el significado del matrimonio como una unión para toda la vida es algo inscrito en nuestra propia naturaleza, tal y como nos creó Dios.* Así la intención de Juan Pablo II es reflexionar en profundidad sobre lo que las Escrituras nos enseñan sobre "el principio." Y encuentra, como la mayoría de los estudiosos bíblicos, que los breves capítulos de Génesis 1 a 3 son de una gran densidad, profundidad y precisión.

Lo primero que el Papa ve, como cualquiera que lee el Génesis con cuidado, es que hay dos relatos distintos de la creación de los seres humanos. El primero está en Génesis 1, donde Dios crea al ser humano en el sexto día como parte de la serie de siete días:

> "Dios dijo: «Hagamos al ser humano [*adán*] a nuestra imagen, según nuestra semejanza; y que le estén sometidos los peces del mar y las aves del cielo, el ganado, las fieras de la tierra, y todos los animales que se arrastran por el suelo». Y Dios creó al ser humano [*adán*] a su imagen; lo creó a imagen de Dios, los creó varón y mujer."[6]

—GÉNESIS 1,26-27

El segundo relato, en Génesis 2, describe al varón siendo creado del barro de la tierra, y dando nombre a los animales. Después Dios forma a la mujer de la costilla de Adán. Este segundo relato proviene en realidad de una tradición más antigua que la del primer relato. Los estudiosos lo llaman el relato Yahvista porque en él llaman a Dios *Yahveh Elohim*, "el Señor Dios," mientras que en Génesis 1 solo se le llama *Elohim*, "Dios."

El punto principal del primer relato es que el ser humano, como masculino y femenino, es a imagen de Dios. Esto significa que los seres humanos tienen una relación especial con Dios, que no tiene ninguna otra criatura. Es cierto que el ser humano es un animal, parecido de alguna manera a los otros animales, y sin embargo hay algo que le diferencia de ellos y lo semeja a nuestro divino Creador. Sólo el ser humano es una **persona**. "Dios miró todo lo que había hecho, y vio que era *muy* bueno," dice la Escritura después de la creación del ser humano (Génesis 1,31, haciendo además hincapié en ello).

¿Qué hay en nosotros que muestre que somos imagen de Dios? La respuesta tradicional es que razonamos y tenemos libre albedrío. El Papa afirma esta respuesta, usando los términos "tener conciencia de sí mismo" (o "auto-conciencia") y auto-determinación".

El conocimiento de uno mismo (la razón) se muestra por el hecho de que Adán *conoce* a los otros animales, les da nombre y se reconoce dife-

Herramientas de estudio

Textos de la Sagrada Escritura

Mateo 19,3-8
Génesis 1,26-27

Doctrina de la Iglesia

"El hombre, que es la única criatura en la tierra que Dios quiso por sí misma, no puede encontrarse plenamente a sí mismo más que a través de la entrega sincera de sí a los demás."

—VATICANO II, *GAUDIUM ET SPES*, 24

Audiencias Generales de Juan Pablo II

5 de septiembre al 14 de noviembre, 1979

Conceptos Claves

Comunión de personas: el tipo de unión íntima que solo puede existir entre personas a través de un sincero y mutuo don de sí mismos.

Persona: el ser con la capacidad de saber y actuar libremente, que es llamada a entrar en comunión con otras personas a través del sincero don de sí mismo.

Personalismo fenomenológico: Fenomenología es un método filosófico que se basa en la experiencia—eso es, parte de la observación de cómo se nos presentan las cosas en el mundo en vez de partir de sistemas o categorías preconcebidas. *El personalismo* es una filosofía que parte de la pregunta primordial "¿Qué es una persona?" y de la afirmación de las personas como seres únicos y distintos de cualquier otro tipo de ser. La filosofía del Papa Juan Pablo II une estos enfoques, con las ideas de Santo Tomás de Aquino.

Teología del cuerpo: la reflexión de Juan Pablo II sobre el significado de la persona humana, del amor, del sexo y del matrimonio a la luz del cuerpo, impartidas en sus audiencias generales desde 1979 a 1984. Estas reflexiones, enraizadas en la Escritura, reconocen el hecho de que no solamente tenemos cuerpos, sino que somos personas físicas, cuya vida interior se expresa a través del cuerpo.

Preguntas para la Reflexión y Discusión

1. En tus propias palabras, explica por qué en Mateo 19, Jesús vuelve al "principio" para enseñarnos el carácter indisoluble del matrimonio.

2. Piense en algunos ejemplos de cómo nuestra cultura contemporánea idolatra y al mismo tiempo rebaja al cuerpo.

3. Lee Génesis 1,26-31; 2,7 y 1 Corintios 6,19-20. ¿Se te ha ocurrido alguna vez pensar en el hecho de que tu cuerpo hace visible el misterio invisible de Dios? ¿En qué debería cambiar tu actitud hacia tu cuerpo?

4. Lee Juan 3,34-35; 14,31; 15,9. ¿Qué te enseñan estos versículos acerca de Dios como una comunión de personas? ¿De qué manera tu matrimonio o relaciones interpersonales pueden ser un reflejo del amor Trinitario de Dios?

5. ¿Qué sería para ti sentirte utilizado más que amado? A la inversa, ¿Cómo describirías la experiencia de sentirte amado(a) y tratado(a) con la adecuada dignidad humana? ¿Qué te enseñan estas experiencias sobre tu responsabilidad hacia otras personas?

Aplicación práctica

Esta semana, pon atención a lo que lees, ves u oyes en los medios de comunicación y en cualquier conversación sobre el cuerpo humano. Cada vez que surja el tema, pide al Señor que te muestre *su* perspectiva y que te dé un mayor respeto hacia el cuerpo, como expresión visible de la persona. También ora de esta manera cada vez que te mires al espejo.

Versículo para memorizar

"Y Dios creó al ser humano a su imagen;
lo creó a imagen de Dios,
varón y mujer los creó."

—Génesis 1,27

CAPÍTULO DOS

Humanidad Original

Todo lo dicho en el Génesis sobre animales, una costilla, un jardín, un árbol y una serpiente nos puede sonar como un cuento de hadas primitivo, no digno de que le demos seriamente atención. Sin embargo, esta engañosa sencillez de la historia esconde ideas profundas e inesperadas. Como vimos en el capítulo anterior, el relato de la creación revela verdades sobre la intención original de Dios para la vida humana y los acontecimientos primordiales, desvelan la verdad de la experiencia humana hasta el día de hoy.

El relato de la creación es desde luego "mítico"—no en el sentido de que sea ficción sino en que usa un lenguaje simbólico para revelar verdades profundas sobre Dios y sobre la condición humana. Los antiguos autores del Génesis eran maestros psicólogos así como teólogos brillantes. Con narraciones simbólicas que se refieren a un acontecimiento real en la aurora de la historia de la humanidad, contiene mucho más de lo que un relato puramente literal pudiera transmitir.[8]

Solamente a través de lo que la Sagrada Escritura nos dice sobre el principio podemos saber lo que la vida humana debía haber sido, ya que nuestra propia experiencia está marcada por el pecado y sus consecuencias. El propósito de volver al principio no es sólo para descubrir de nuevo el significado del matrimonio, sino también para ayudarnos a captar el significado de ser hombres y mujeres. Si el matrimonio es una unión irrompible de amor entre un hombre y una mujer, ¿Qué tipo de personas tenemos que ser para ser capaces de tal unión?

El Papa muestra tres aspectos importantes que la Biblia nos revela de la vida antes de la Caída: la **soledad original, la unidad original** y la **desnudez original.**

No es bueno estar solo

Miremos de cerca el relato de la segunda creación (Génesis 2), que representa la creación del hombre y la mujer separadamente. En un primer momento el hombre es formado del polvo de la tierra, y Dios infunde en sus narices el aliento de vida. Antes de que Eva entre en escena, Dios deja que Adán (que representa a toda la humanidad) experimente el hecho de que es diferente al resto de la creación.

> "Después dijo el Señor Dios: «No conviene que el hombre esté solo. Voy a hacerle una ayuda adecuada». Entonces el Señor Dios modeló con arcilla del suelo a todos los animales de campo y a todos los pájaros del cielo, y los presentó al hombre para ver qué nombre les pondría. Porque cada ser viviente debía tener el nombre que le pusiera el hombre. El hombre puso un nombre a todos los animales domésticos, a todas las aves del cielo y a todos los animales del campo; pero entre ellos no encontró la ayuda adecuada."
>
> —GÉNESIS 2,18-20

En cierto modo Adán está solo ante Dios. Al encontrarse ante los animales, él es consciente de que es único y totalmente distinto de todo lo demás visible en el mundo. Él no es "algo", sino "alguien", con la capacidad de conocer y amar, y por ello de interactuar con Dios. Como Juan Pablo II hace ver, esto es verdad en cada persona humana: Yo soy consciente de ser yo mismo, una *persona* que trasciende al resto de la creación y que es capaz de relacionarse con el Creador. El Papa llama a esta experiencia "soledad original".

Adán descubrió su unicidad a través de su cuerpo. Al encontrarse con otras criaturas vivientes, él percibió que sólo su cuerpo era el cuerpo de una persona. Esto es verdad para nosotros también. Piense en la forma en que un niño llega a comprenderse como una persona, al reconocer fuera de sí a otras personas y objetos. El cuerpo es la base por tanto de la percepción de nosotros mismos y de nuestras relaciones con otros, incluyendo a Dios.

El hombre en el Génesis era consciente de que su existencia era un don de Dios, y que por ello él estaba llamado a entrar en una relación libre con Dios—para responderle en amor y gratitud. Adán, como todo ser humano desde entonces, es llamado a una vida interior; él tiene la capacidad de oír a Dios y de responderle.

Pero la Biblia también indica que se necesitaba algo más: "No es bueno que el hombre esté solo." En esta soledad Adán experimentó el deseo de otro ser humano como él—una "ayuda adecuada para él." También nosotros nos realizamos sólo en comunión con otros personas.

Se debe notar sin embargo que *ayuda* en este versículo (*ezer* en hebreo) *no* significa "la que cocina, lava y es la sirvienta." Después de todo, es a Dios a quien con más frecuencia llamamos nuestra "ayuda" en el Antiguo Testamente (ver, por ejemplo, Éxodo 18,4; Salmo 33,20). La ayuda que el hombre necesita es alguien que puede recordarle y ayudarle a cumplir el propósito más profundo de su vida: eso es, *amar*. En otras palabras, el hombre necesita a la mujer para poder ser plenamente humano, tanto como la mujer necesita al hombre.

Los dos se hacen uno

Como respuesta a los deseos de Adán, Dios hace lo que ya tenía planeado: hace que el hombre caiga en un sueño profundo y crea a la mujer de su costilla—mostrando la relación tan cercana que tiene con él. Como el padre de la novia, Dios presenta a Adán su obra maestra. El hombre responde con un grito de júbilo, expresando su felicidad por haber encontrado el cuerpo de otra *persona*—un cuerpo como el *suyo, y* sin embargo maravillosamente distinto.

"El hombre exclamó: «¡Esta sí que es hueso de mis huesos y carne de mi carne! Se llamará Mujer, porque ha sido sacada del hombre»."

—GÉNESIS 2,23

Adán reconoce que Eva comparte su naturaleza humana, sin embargo su cuerpo es diferente. Esta complementariedad sexual del hombre y de la mujer—sus diferencias corporales dentro de una naturaleza común—revela su intrínseca llamada a la relación. De hecho, su diferenciación sexual es lo que les permite convertirse en mutuo don el uno para el otro. La aptitud natural a unirse, propia de sus cuerpos, es el reflejo visible de su capacidad interior para formar una comunión de personas.

El cuidado con el cual Dios ejecuta su diseño para la humanidad nos muestra que las diferencias sexuales no están sólo a nivel de la piel. La sexualidad no es un atributo superficial o biológico. Es un hecho que no se puede manipular, como el pelo o el color de los ojos. Incluso los distintos métodos que intenten manipularlo con cirugía o fármacos solamente cambian sus características exteriores. La sexualidad es inherente a nuestra feminidad o masculinidad.

El pasaje continúa: "Por eso el hombre deja a su padre y a su madre y se une a su mujer, y los dos llegan a ser una sola carne" (Génesis 2,24). El esposo y la esposa ejecutan su "unión original" en la unión sexual, que expresa exteriormente lo que es cierto en sus mentes y corazones.

Aquí encontramos la percepción que sirve de eje a la teología del cuerpo: El Papa lo denomina **el significado nupcial del cuerpo.** La palabra *nupcial* recuerda una boda: es sinónimo de "esponsal". *El significado nupcial del cuerpo es nuestra llamada al amor de entrega de sí, que está inscrito en nuestro cuerpo como masculino o femenino.* Al convertirse en un don recíproco, en una comunión de personas, *aprendemos a amar y ser amados como Dios ama,* y así cumplir nuestro más elevado destino. Nos convertimos en un reflejo de la misma vida y amor de la Trinidad y nos prepara para compartir esa vida divina, eternamente. Esto es verdad para cada ser humano, ya sea casado, soltero o un célibe consagrado, aunque se vive de formas diferentes.

La más plena expresión del significado nupcial del cuerpo, a nivel natural, es el matrimonio. La comunión que existe en el matrimonio es única, pues el don de uno mismo es total y exclusivo. Su expresión corporal es el signo del vínculo de una alianza, en la que los esposos se comprometen entre sí en una unión por toda la vida. Solamente tal don de sí mismos es capaz de una expresión sexual auténtica.

De igual manera, Dios designó que el amor de los esposos fuera intrínsecamente expansivo. La unión en una carne de marido y mujer se "encarna" de una forma misteriosa cuando un nuevo ser humano es engendrado en este mundo. Así su comunión se amplía para abarcar a nuevas personas, iguales en dignidad, y merecedoras también de aceptación incondicional, permitiendo de este modo a los esposos, reflejar de una manera plena el misterio mismo del amor de Dios.

La libertad humana encuentra su más profunda realización en la alianza matrimonial. El mundo nos dice que libertad significa evitar todo compromiso, ¡pero la verdad es lo opuesto! La verdadera libertad es la habilidad de integrar todo tu ser, eligiendo lo que es bueno, sin ninguna coacción. ¿Quién es más libre: nosotros que luchamos contra la tentación o los santos en el cielo, que se han perfeccionado tanto en el amor que no pueden elegir el mal y pueden entregarse totalmente y sin reservas a Dios?

De hecho, el objetivo del vínculo de alianza que las promesas matrimoniales expresan es precisamente el hacernos libres. En vez de permanecer indefinidamente abiertos a una relación potencial con otra persona, yo elijo a esta persona para entregarme a ella en una unión irrevocable. Esto es, voluntariamente canalizo toda mi libertad en la entrega que hago de mi persona a quien he elegido como mi esposo/a—y a través de esa persona, me entrego a Dios. En pocas palabras, el vínculo de alianza es el *cumplimiento* de la libertad humana.

Si bien el matrimonio es especial, no es la única manera de vivir el significado nupcial del cuerpo. Todos estamos llamados a ser un don de nosotros mismos a los demás, a través de la masculinidad o feminidad que Dios nos ha dado. Todos necesitamos "ayudantes"—ya sean padres, parientes, amigos o compañeros de trabajo—que pueden ayudarnos a descubrir nuestra llamada a una entrega de amor. Cuando nos entregamos sinceramente a los demás a través de acciones corporales mostrando amor y respeto, y ese don se afirma y es recíproco, formando una comunión de personas. También hay una forma sobrenatural de vivir el significado nupcial del cuerpo en el celibato consagrado, como se verá en el capítulo 5.

¿Qué ocurre con los homosexuales? Para aquellos que experimentan una atracción hacia el mismo sexo, la verdad sobre la persona humana revelada en nuestros cuerpos es retadora y liberadora—como lo es para cada uno. A pesar de lo que los medios de comunicación presentan a menudo, nadie "nace homosexual." Es decir, nadie está intrínsecamente orientado hacia una unión con el mismo sexo.[9] Por eso la atracción homosexual no define a nadie en la esencia de su identidad, ya sea masculina o femenina.

De hecho, hablando correctamente, la unión *sexual* no es posible con una persona del mismo sexo. El hecho que la unión genital que da la vida sea posible solamente con una persona del sexo opuesto es signo visible de que nuestra llamada a la comunión conyugal es a través de nuestra innata complementariedad como hombre y mujer. Los muy graves riesgos de salud asociados con actividad homosexual también recalcan el hecho de que tal comportamiento no está de acuerdo con los designios de Dios.

Esto no implica que las inclinaciones homosexuales sean en sí pecaminosas. Sólo son una forma del desorden en nuestros deseos, causado por la Caída. El pecado ocurre sólo si caemos y *actuamos* según estos deseos.

Donde hay desorden y pecado, también hay esperanza de restauración. Por la gracia de Dios podemos experimentar la sanación de nuestra identidad como hombres y mujeres a imagen de Dios, como veremos en el capítulo 4.

Desnudos y sin vergüenza

El segundo relato de la creación concluye con esta observación críptica: "Los dos, el hombre y la mujer, estaban desnudos, pero no sentían vergüenza" (Génesis 2,25). Esta desnudez sin vergüenza, explica Juan Pablo II, significa que antes de la Caída la primera pareja tuvo la experiencia de una comunicación sin obstáculo. Ellos se vieron el uno al otro, como Dios ve. Sus cuerpos eran ventanas transparentes del interior de su persona. No había ningún peligro en mirar al cuerpo como un objeto, separado de la persona. Entre el hombre y la mujer había una intimidad profunda, una comunicación y comprensión mutuas casi imposible de imaginar para nosotros.

Adán y Eva expresaron su recíproca entrega a través de sus cuerpos desnudos. A través de su feminidad y masculinidad, cada uno se convirtió en un fiel y potencialmente fecundo don de sí al otro. A través de su unión en una sola carne, ellos llegaron también a una comprensión más profunda de sí mismos. Por eso la Biblia usa la expresión "conocer" para referirse al abrazo conyugal: "El hombre conoció a Eva, su mujer, y ella concibió" (Génesis 4,1).

Al mencionar la desnudez sin vergüenza el texto establece el contraste con la experiencia de vergüenza que se da después de la Caída (ver Génesis 3,7), como lo veremos en el capítulo 3. Esto apunta a un tiempo cuando había integridad en las personas humanas; cuando no había ruptura entre lo espiritual y lo físico y ninguna oposición entre lo masculino y lo femenino. Imagina un mundo que no ha sido tocado por la vergüenza en toda nuestra vulnerabilidad hacia los demás, y tendrás un resquicio de cómo fuimos creados en nuestro estado original.

Esta vuelta al principio no es un ejercicio académico abstracto. Sólo podemos conocer la plena realidad de quienes somos, "recordando" el principio con la ayuda de las Escrituras. Es aquí donde podemos comenzar a comprender nuestra dignidad como hijos de Dios y nuestro destino a la comunión de amor que es la Trinidad.

Aquí también, llegamos a comprender que nuestros cuerpos están integrados a esta dignidad y destino. ¡Nuestros cuerpos importan! No son accesorios para usar, disfrutar y tirar, ni tampoco son ídolos para adorar. Ellos son la expresión visible de nuestra propia conciencia y libertad; los medios a través de los cuales crecemos y nos perfeccionamos en el amor. Al igual que el Evangelio en el cual se inspira, la teología del cuerpo es buena noticia que ofrece sanación para nosotros y nuestra cultura.

Herramientas de estudio

Textos de la Sagrada Escritura

Génesis 1,26-28
Génesis 2

La unión original entre el hombre y la mujer, en la que sus cuerpos eran expresión transparente del interior de la persona, está a punto de ser trastornada por el padre de la mentira.

Doctrina de la Iglesia

"En realidad, el misterio del hombre sólo se esclarece en el misterio del Verbo encarnado. Porque Adán, el primer hombre, era figura del que había de venir, es decir, Cristo nuestro Señor, el nuevo Adán, en la misma revelación del misterio del Padre y de su amor, manifiesta plenamente el hombre al propio hombre y le descubre la sublimidad de su vocación."

—VATICANO II, GAUDIUM ET SPES, 22

Audiencias Generales de Juan Pablo II

21 de noviembre de 1979, a 2 de abril de 1980

Conceptos Claves

Significado nupcial del cuerpo: La habilidad del cuerpo humano, en su masculinidad o feminidad, para expresar y efectuar nuestro llamamiento a una comunión de personas a través de la auto entrega en el amor. Ya seamos solteros, célibes o casados, a través del cuerpo descubrimos que el significado de nuestra existencia es ser un don para otros.

Desnudez original: La condición de la humanidad antes de la Caída, en la que el cuerpo desnudo no causaba vergüenza. El cuerpo era una expresión transparente de la persona y por ello no estaba en peligro de ser tratada como un objeto.

Soledad original: La experiencia inicial del ser humano de ser único entre los seres creados, capaz de relacionarse con Dios y con los otros, de manera consciente y libre.

Unidad original: la unión en una sola carne de la primera pareja de esposos, basada en el hecho que comparte, en igualdad de dignidad, la misma naturaleza humana, si bien están sexualmente diferenciados.

Preguntas para la Reflexión y Discusión

1. Lee, en ambiente de oración, Génesis 1-2, y note las distintas maneras en que la Escritura indica que el ser humano se distingue de todos los demás seres creados.

2. Génesis 1,27 indica que el varón y la mujer, *juntos* son la imagen de Dios. ¿Qué nos enseña esto acerca de la forma como hombres y mujeres debieran relacionarse?
3. Busca en la Biblia pasajes que hablen de Dios como Creador (los Salmos son un buen lugar para empezar). ¿Qué se dice ahí sobre el amor de Dios?
4. Reflexione sobre Romanos 12,1; 2 Corintios 4,10; y 1 Timoteo 2,8-10. ¿De qué manera, según estos textos, tu cuerpo puede expresar tu entrega a Dios y a los demás?
5. Piensa en algunos ejemplos de cómo la gente entiende que ser libre es evitar el compromiso. ¿Por qué piensa la gente así? ¿Cómo les expondrías un punto de vista diferente?

Aplicación Práctica

Pide al Señor esta semana que te permita tener una comprensión y aceptación profundas de tu identidad como varón o como mujer. Reflexiona después sobre las formas como puedes hacer de ti mismo(a) un regalo para quienes te rodean, a través de gestos de amor, de afirmación, de generosidad y de servicio.

Versículo para memorizar

"Por eso el hombre deja a su padre y a su madre y se une a su mujer, y los dos llegan a ser una sola carne. Los dos, el hombre y la mujer, estaban desnudos, pero no sentían vergüenza."

—Génesis 2,24-25

Capítulo Tres

Humanidad Caída

En el capítulo precedente consideramos el primera periodo de la historia de la humanidad: varón y mujer antes de la Caída. En ese estado original, la humanidad, tal como la creó Dios, era pura, inocente, feliz y sin las trabas del pecado y todas sus consecuencias nocivas. Adán y Eva estaban juntos en una unión feliz de amor recíproco, con una comunicación abierta y desinteresada. Ellos experimentaban la plenitud que todo matrimonio desea.

Cabe sin embargo preguntarnos ¿Por qué puso Dios toda esta belleza y libertad en peligro dando a Adán y Eva un mandamiento que sabía que podían quebrantar? ¿Por qué puso un árbol en el jardín del cual no quería que comieran?

La respuesta a estas preguntas la podemos encontrar recordando las intenciones de Dios, desde el principio. Esto es, Dios creó al hombre y a la mujer con la capacidad de amarlo y estar unidos a Él, por siempre. Sin embargo esta capacidad no se podía cumplir sin el libre albedrío. No hay amor sin libertad. Al darles el mandamiento (Génesis 2,16-17), Dios les invitó a que le respondieran libremente, con amor, confianza y obediencia—a que le dejaran ser su Dios. Colocó el árbol del conocimiento del bien y del mal en el centro de jardín, para que ellos estuvieran constantemente ante La Elección.

Pero como sabemos, nuestros primeros padres no aceptaron esta invitación amorosa.

El pecado

"La serpiente era el más astuto de todos los animales del campo que el Señor Dios había hecho, y dijo a la mujer: «¿Así que Dios les ordenó que no comieran de ningún árbol del jardín?». La mujer le respondió: «Podemos comer los frutos de todos los árboles del jardín. Pero respecto del árbol que está en medio del jardín, Dios nos ha dicho: «No coman de él ni lo toquen, porque de lo contrario quedarán sujetos a la muerte». La serpiente dijo a la mujer: «No, no morirán. Dios sabe muy bien que cuando ustedes coman de ese árbol, se les abrirán los ojos y serán como dioses, conocedores del bien y del mal». Cuando la mujer vio que el árbol era apetitoso para comer, agradable a la vista y deseable para adquirir discernimiento, tomó de su fruto y comió; luego se lo dio a su marido, que estaba con ella, y él también comió."

—GÉNESIS 3,1-6

Tentados por la serpiente, Adán y Eva cayeron en la trampa. Decidieron que en vez de honrar a Dios, preferían ser sus propios dioses. En vez de confiar en su Creador amoroso, decidieron determinar lo que era bueno y malo por sí mismos. Por su desobediencia inauguraron la historia dolorosa de la subyugación humana al pecado y la muerte. ¡Es la etapa de la humanidad con la que estamos bastante familiarizados!

La desobediencia de la primera pareja no fue una mera violación de las reglas. Fue un acto personal. Después Dios dijo al hombre, "¿Has comido acaso del árbol del que te prohibí comer?" (Génesis 3,11). El punto no estuvo en que comieron del árbol equivocado sino en que desconfiaron y desobedecieron al Autor de sus vidas.

El Génesis expresa la magnitud de éste **pecado original**, y su efecto sobre toda la humanidad: la expulsión de Adán y Eva del Paraíso, la fatiga que conlleva el 'parto' y el trabajo, y por último, la muerte, la más trágica de todas las consecuencias (ver Génesis 3,9-24). En comparación con la humanidad original, nuestra condición desde la Caída, está gravemente afectada. Pero como veremos en el próximo capítulo, ya que Jesús ha venido, el pecado y la muerte no tienen la última palabra sobre la humanidad. Ciertamente, sin Cristo el ser humano está caído y incapaz de obtener el destino preparado por Dios para él. Pero con Cristo, la humanidad, aunque todavía herida, está restaurada y llena de promesa.

El resultado

Como vimos en el capítulo 2, el plan de Dios para los seres humanos era que nosotros experimentáramos la unión en el sentido más pleno. Pero el primer pecado causó *desunión*—no solamente entre el ser humano y Dios, sino entre los seres humanos, entre los seres humanos y el mundo creado, e incluso dentro del ser humano, entre el espíritu y el cuerpo. El Génesis describe cinco efectos específicos del pecado, como lo veremos a continuación.

1. Vergüenza: ruptura en el ser humano

Con el pecado original, como observa Juan Pablo II, **la concupiscencia** entra en el corazón humano. La concupiscencia es un desorden en nuestros deseos que nos inclina hacia el pecado. ¿Os habéis dado cuenta con qué facilidad se desvían del buen camino nuestros deseos? Incluso deseos que son buenos en sí, ya sea de comida, comodidad, descanso, placer sexual o bienes materiales, se orientan fácilmente hacia el desequilibrio y el exceso. ¿Quién no se identifica con la queja de San Pablo cuando dice, "En efecto, el deseo de hacer el bien está a mi alcance, pero no el realizarlo. Y así, no hago el bien que quiero, sino el mal que no quiero" (Romanos 7,18b-19).

La concupiscencia infecta nuestra sexualidad de una forma singular. En vez de ver el cuerpo como una expresión transparente de la vida interior y la verdadera profundidad de la persona, estamos tentados a ver el cuerpo como un objeto para usarlo, para el placer y la gratificación propia. El significado nupcial del cuerpo es velado, y la capacidad misma para expresarnos y comprendernos a nosotros mismos como dones para el otro, se disminuye. Como resultado, el cuerpo se hace vulnerable a la explotación.

El corazón humano ahora se ha convertido en el campo de batalla entre el amor y la **lujuria**.[10] En lugar de convertirnos en un *don*, somos tentados *a apoderarnos* del otro. Incluso los matrimonios experimentan la concupiscencia: A veces se sienten impulsados por el deseo de usar y poseer, al otro en vez de ser un don recíproco. El Papa resalta que cuando un hombre considera a una mujer solamente como objeto y no un don, se condena a *si mismo* a convertirse en un objeto para ella y no en un don.

"Entonces se abrieron los ojos de los dos y descubrieron que estaban desnudos. Por eso se hicieron unos taparrabos, entretejiendo hojas de higuera" (Génesis 3,7). Adán y Eva se cubrieron con hojas de higuera y se escondieron, cuando experimentaron la **vergüenza** por primera vez, como el resultado de esta ruptura interna de la unidad entre su espíritu y su cuerpo. Esta vergüenza es por tanto más profunda que un mero pudor. Es una profunda angustia por la consciencia de algo contrario a su dignidad como personas.

Con todo, la vergüenza tiene también un propósito positivo. Desde la Caída, nuestra inclinación a cubrir ciertas partes del cuerpo es una forma de protegernos contra el mal uso del cuerpo, debido a la concupiscencia. Dios mismo cubrió al hombre y la mujer por compasión: "Yahvé Dios hizo para el hombre y su mujer túnicas de piel y los vistió" (Génesis 3,21).

En nuestra condición caída, cuando la gente deliberadamente expone (a través de vestimenta escasa o ropa ceñida) aquellas partes del cuerpo que estimulan la lujuria, invitan a otros a mirarles como objetos, en vez de cómo personas. Socavan su propia dignidad como personas creadas a imagen de Dios.

2. Miedo: Ruptura entre el Ser humano y Dios

Después de haber pecado, el hombre y la mujer ya no disfrutan de esa amistad con Dios con la libertad que tenían antes. Atormentados por la culpabilidad, ahora temen a Dios y tienden a verlo como un distante legislador y un juez severo.

> "Al oír la voz del Señor Dios que se paseaba por el jardín, a la hora en que sopla la brisa, se ocultaron de él, entre los árboles del jardín. Pero el Señor Dios llamó al hombre y le dijo: «¿Dónde estás?». «Oí tus pasos por el jardín, respondió él, y tuve miedo porque estaba desnudo. Por eso me escondí». El replicó: «¿Y quién te dijo que estabas desnudo? ¿Acaso has comido del árbol que yo te prohibí?»"

Desde ese entonces la humanidad se ha estado escondiendo de Dios, aunque Dios nunca se ha escondido de nosotros. Él nunca cesa de llamarnos, "¿Donde estás?" Muy a menudo sin embargo intentamos evitarlo, por nuestro sentido de culpabilidad y miedo. Con todo, en lo más secreto de nosotros añoramos la intimidad del jardín, donde Adán y Eva caminaban en íntima familiaridad con su Creador.

3. Conflicto: Ruptura en las Relaciones Humanas

"El hombre respondió: «La mujer que pusiste a mi lado me dio el fruto y yo comí de él». El Señor Dios dijo a la mujer: «¿Cómo hiciste semejante cosa?». La mujer respondió: «La serpiente me sedujo y comí»."

—GÉNESIS 3,12-13

El contraste entre esta respuesta y el himno de admiración que Adán había expresado antes al ver a la mujer, es evidente (ver Génesis 2,23). Ahora el hombre se distancia de su esposa y le echa a ella la culpa. La comunión amorosa que había entre ambos se ha roto, y de ahora en adelante tendrán dificultad en comprenderse y confiar el uno en el otro.

Dios dijo a la mujer: "…Sentirás atracción por tu marido, y él te dominará" (Génesis 3,16). Dios no está expresando su propio decreto—mucho menos su voluntad—sino más bien señalando una consecuencia intrínseca del pecado. La relación entre el hombre y la mujer se ha desvirtuado. La complementariedad sexual que les fuera dada para que vivieran en una unión dadora de vida, tiende ahora a ser fuente de tensión y conflicto. Surge entre los dos una actitud de rivalidad que frecuentemente deriva en el dominio del hombre sobre la mujer y la manipulación de parte de ella. El hombre y la mujer no pueden ser humanos sin relacionarse el uno con el otro, sin embargo sus relaciones están ahora tentadas por la búsqueda egoísta de la propia satisfacción y promoción, en detrimento del otro.

Porque la relación entre el hombre y la mujer, entre el esposo y la esposa, es el paradigma de toda relación humana, su grado de integridad o desintegración afecta a toda vida humana y a todas sus relaciones sociales. En su carta *Sobre la Dignidad de la Mujer,* Juan Pablo II describe los efectos de esta ruptura particularmente sobre la mujer:

"Por tanto cuando leemos en la descripción bíblica las palabras dirigidas a la mujer. *"hacia tu marido irá tu apetencia, y él te dominará."* (Gn 3,16), descubrimos una ruptura y una constante amenaza precisamente en relación con esta "unidad de los dos" que corresponde a la dignidad de la imagen y de la semejanza de Dios en ambos. Pero esta amenaza es más seria para la mujer… Este "dominio" indica la perturbación y *pérdida de estabilidad* de esa *igualdad fundamental,* que en la "unidad de los dos" poseen el hombre y la mujer, y esto sobre todo, con desventaja para la mujer… [Pero] al mismo tiempo disminuye también la verdadera dignidad del hombre."[11]

4. Fatiga: Ruptura entre el Ser humano y el Mundo Creado

Dios señala también a Adán y Eva que otra consecuencia intrínseca de su pecado es la desarmonía que eso introduce dentro de todo el universo creado (ver Romanos 8,20-21).

"Y dijo al hombre: «Porque hiciste caso a tu mujer y comiste del árbol que yo te prohibí, maldito sea el suelo por tu culpa. Con fatiga sacarás de él tu alimento todos los días de tu vida»."

—GÉNESIS 3,17

Tanto el hombre como la mujer están ahora sometidos al "fatiga," cada uno a su manera. A la mujer se le predice esfuerzo en dar a luz a los hijos; su gloria se convierte ahora en dolor. A través del hombre la tierra es maldecida y se hace recalcitrante, produciendo fruto con dificultad. La humanidad, delegada por Dios para cuidar con señorío la naturaleza, en su nombre (ver Génesis 1,28), experimenta ahora discordia entre él y dicha naturaleza. Cumplir con ese cometido de ejercer dominio sobre los bienes de la tierra se ha convertido ahora en un extenuante ejercicio. Con todo, es significativo que el hombre y la mujer, en sí mismo, no han sido maldecidos.

5. Muerte

El culmen de todas estas formas de desunión es la muerte. Finalmente, el pecado no sólo lleva a la muerte sino que *es* la muerte misma. En otras palabras, la muerte es la separación de Dios de la cual la desintegración física es sólo el signo externo (ver Efesios 2,1). "Comerás el pan con el sudor de tu rostro, hasta que vuelvas al suelo, pues de él fuiste tomado. Porque eres polvo y al polvo tornarás." (Génesis 3,19).

En la concepción hebrea, la muerte es el lugar donde no es posible alabar a Dios, porque la persona queda separada de la comunión con el Autor de la Vida (ver Salmo 115,17). En esta perspectiva, el hecho que Dios haya expulsado a Adán y Eva del jardín fue realmente un acto de caridad. No quería que ellos vivieran eternamente en una condición de separación de El; en una especie de muerte en vida, que hubiera sido el infierno en la tierra.

> "Después el Señor Dios dijo: «El hombre ha llegado a ser como uno de nosotros en el conocimiento del bien y del mal. No vaya a ser que ahora extienda su mano, tome también del árbol de la vida, coma y viva para siempre». Entonces expulsó al hombre del jardín de Edén, para que trabajara la tierra de la que había sido sacado. Y después de expulsar al hombre, puso al oriente del jardín de Edén a los querubines y la llama de la espada zigzagueante, para custodiar el acceso al árbol de la vida."

—GÉNESIS 3,22-24

A pesar de todos los efectos destructivos del pecado, la Escritura nunca indica que la Caída dejara al ser humano en un estado de perdición total. La imagen de Dios en el ser humano, aunque desfigurada, nunca se perdió. Aún con la mente nublada por el pecado, los seres humano conservan su capacidad natural de conocer a Dios a través de las obras de la creación y de vivir de acuerdo con su conciencia (ver Romanos 1,19-20; 2,14). Varones y mujeres, aún somos capaces de imaginar a Dios, de formar una comunión de personas unos con otros y de transmitir la vida humana, que en sí misma es a imagen de Dios. Nuestra vida sigue siendo un don precioso que contiene muchas bendiciones.

La promesa

El veredicto más severo que pronuncia Dios después de la Caída, no recae sobre el hombre o la mujer, sino sobre la serpiente que los tentó: "Enemistad pondré entre ti y la mujer, y entre tu linaje y su linaje: él te pisará la cabeza mientras acechas tú su calcañar" (Génesis 3,15).

Esta declaración predice un conflicto perpetuo entre la serpiente (Satanás) y la mujer y su descendencia, a quien la serpiente infringirá un golpe. Pero también es la primera alusión a una salvación futura: La serpiente recibirá un golpe mortal (en la cabeza) y así será finalmente vencida.

A través de toda la narrativa conmovedora de Génesis 3, la misericordia inextinguible de Dios se cierne en el fondo, como el brillo del amanecer que vendrá. La promesa de un descendiente que aplastará la serpiente es la insinuación de que Dios invertirá de alguna este terrible revés, y que sus planes para glorificar a la humanidad no se han frustrado permanentemente.

En la perspectiva cristiana, incluso la historia de la Caída es una buena noticia. Nos da la verdadera razón de todos nuestros problemas y en esa medida nos evita caer ingenuamente en la negación o el falso optimismo ante nuestras pobres soluciones. Es buena noticia porque nos recuerda también que Dios no nos dejó sin la promesa de una restauración. Las preciosas palabras que se entonan en el *Exsultet*, y se cantan en la liturgia de la Vigilia Pascual, nos recuerdan cómo Dios saca bien, incluso del mal:

¿Qué beneficio hubiera tenido la vida para nosotros,
Si Cristo no hubiera venido como nuestro Redentor?
¡Que asombroso beneficio de tu amor por nosotros!
¡Que incomparable ternura y caridad!:
¡Para rescatar al esclavo,
Entregaste al Hijo!
Necesario fue el pecado de Adán,
Que ha sido borrado por la muerte de Cristo.
¡Feliz la culpa
Que mereció tal Redentor![12]

El hombre y la mujer son expulsados del paraíso terrenal, pero solamente después que Dios les hubiera dado esperanza, prometiéndoles una futura restauración.

Herramientas de estudio

Textos de la Sagrada Escritura

Génesis 3
Romanos 3,9-24

Doctrina de la Iglesia

"El hombre, tentado por el diablo, dejó morir en su corazón la confianza hacia su creador (cf. *Gn* 3,1-11) y, abusando de su libertad, *desobedeció* al mandamiento de Dios. En esto consistió el primer pecado del hombre (cf. *Rm* 5,19). En adelante, todo pecado será una desobediencia a Dios y una falta de confianza en su bondad. En este pecado, el hombre se prefirió a sí mismo en lugar de Dios, y por ello despreció a Dios: hizo elección de sí mismo contra Dios, contra las exigencias de su estado de criatura y, por tanto, contra su propio bien. El hombre, constituido en un estado de santidad, estaba destinado a ser plenamente "divinizado" por Dios en la gloria. Por la seducción del diablo quiso "ser como Dios" (cf. *Gn* 3,5), pero "sin Dios, antes que Dios y no según Dios" (San Máximo el Confesor)." (CIC, 397-398)

Audiencias Generales de Juan Pablo II

16 de abril a 29 de octubre de 1980

Conceptos Claves

Concupiscencia: Desorden en nuestros deseos que nos inclina hacia el pecado. El *Catecismo* indica que "la concupiscencia procede de la desobediencia del primer pecado. Desordena las facultades morales del hombre y, sin ser una falta en sí misma, le inclina a cometer pecados." (CIC N° 2515)

Lujuria: dar rinda suelta a los deseos sexuales con el objetivo de auto-complacerse, usándose a sí mismo o a otra persona, como objeto de gratificación.

Pecado Original: El pecado por el cual nuestros primeros padres desobedecieron el mandamiento de Dios, eligiendo seguir su propia voluntad, en vez de la voluntad de Dios. Todos los seres humanos heredan el estado caído que resulta de él, y pierden la santidad original.

Vergüenza: La angustia y tensión que se originan al tratar a otra persona, o al ser tratados, como un mero objeto para ser usado y no como regalos que deben ser honrados y amados. La vergüenza puede también tener la función positiva de proteger al cuerpo de ser abusado de esa manera.

Preguntas para reflexión y Discusión

1. En ambiente de oración, leer Génesis 3, y escribir todas las veces en que aparecen el amor y la compasión de Dios actuando a favor del hombre y la mujer, en medio de esta tragedia.
2. ¿En qué sentido todos los pecados contienen los mismos elementos del pecado original—Esto es, la desconfianza en Dios y la desobediencia?

3. El resultado del pecado ha sido una existencia disminuida. ¿Significa esto que estamos completamente dañados? ¿Qué versículos del Antiguo Testamento puedes encontrar que apoyen tu respuesta? (Pista: Mira en el Salmo 8, Proverbios 31, Tobías 13.)
4. ¿Crees sutilmente, como lo hizo Eva, que Dios quiere negarte algo bueno? ¿Qué verdades puedes predicarte a ti mismo(a) cuando eres tentado a pensar así?
5. Uno de los efectos del pecado es el miedo. ¿Qué te enseña 1Juan 4,18 sobre esto?

Aplicación Práctica

Durante esta semana, has un acto de conciencia y pregúntate de qué manera tu comportamiento hacia tu esposo/a u otras personas próximas a ti, puede estar de alguna manera afectado por la Caída. Elige un aspecto de tus relaciones que, con la ayuda de Dios, desearías cambiar, y pide a Dios que sane las rupturas causadas por ese pecado.

Verso para memorizar

"¡Ten piedad de mí, oh Dios, por tu bondad,
por tu gran compassion …
Porque yo reconozco mis faltas
y mi pecado está siempre ante mí. …
Crea en mí, Dios mío, un corazón puro,
y renueva la firmeza de mi espíritu.
No me arrojes lejos de tu presencia
ni retires de mí tu santo espíritu.
Devuélveme la alegría de tu salvación,
que tu espíritu generoso me sostenga:"

—SALMO 51,3.5.12-14

Capítulo Cuatro

Humanidad Redimida

El Nuevo Testamento proclama el cumplimiento de la promesa de Dios a la humanidad caída. Algo completamente nuevo y totalmente inesperado ha ocurrido: ¡En Jesús la antigua maldición del pecado se ha roto! Se ha destruido la muerte, Satanás ha sido vencido, y el ser humano finalmente ha sido reconciliado con Dios. En otras palabras, una nueva etapa de la historia de la humanidad—la humanidad redimida—ha comenzado.

Juan Pablo II introduce esta sección de su catequesis con otro pasaje inusual de la Escritura. Funda la entera sección (veintisiete audiencias generales) sobre las palabras de Cristo en Mateo 5,27-28: "Ustedes han oído que se dijo: "No cometerás adulterio". Pero yo les digo: El que mira a una mujer deseándola, ya cometió adulterio con ella en su corazón." En cada una de estas audiencias, el papa vuelve repetidas veces sobre estas palabras de Cristo, siempre con mayor profundidad y nuevas perspectivas.

Al Papa le gusta empezar con "palabras fuertes." De hecho, para muchos, estas palabras de Jesús son ofensivas porque parecen demasiado idealistas, demasiado rigurosas y demasiado severas. En consecuencia, muchos intentan diluirlas o reinterpretarlas, de tal manera que se acomoden a nuestra debilidad. Juan Pablo II, en cambio, no disminuye el tono de las palabras de Cristo, sino que con gran habilidad, extrae su significado positivo; la preciosa visión de las posibilidades humanas que realmente este pasaje revela.

¿Esclavos de lujuria?

A primera vista, subraya el Papa, la afirmación de Jesús puede parecer una acusación contra el corazón humano: "Todo el que mire a una mujer con lujuria…" Pero las palabras del Señor "no nos permiten detenernos ante la acusación contra el corazón humano y verlo continuamente bajo sospecha. Tienen que ser comprendidas e interpretadas sobre todo como una *llamada al corazón*."[13] Jesús proclama que no estamos condenados a vivir víctimas de la lujuria. Él nos está llamando a que redescubramos el significado nupcial del cuerpo, y cumplamos así con el propósito más profundo de nuestras vidas.

La clave está en reconocer que Jesús no solamente nos da una orden sino que nos *habilita.* Imaginemos por ejemplo que alguien dijera a un tetrapléjico, "Deja de desplomarte en la silla de ruedas." El tetrapléjico podría responder, "¿Qué quieres decir? Lo único que puedo hacer es *desplomarme* en la silla de ruedas." Pero las palabras de Jesús no son como las de los demás. Sus palabras tienen el poder de hacer que el hombre se ponga de pié y camine. Así que las palabras que Jesús nos dirige sobre la lujuria significan y nos habilitan para una vida totalmente nueva, una forma de existir que nos devuelve a la intención original de Dios.

¿Cómo es esto posible? Dios lo hizo a través de la gracia de la redención, derramada en el acto de amor por el cual Jesús dio su vida por nosotros en la cruz.

"Las palabras que Cristo pronunció en el Sermón de la Montaña no son una llamada lanzada al vacío."[14] Son palabras eficaces: Tienen el poder de alcanzar lo que nos piden que hagamos, si escuchamos esta llamada interior. Jesús no vino a darnos un código moral más estricto. ¿Es eso acaso lo mejor que el Hijo de Dios podía hacer por nosotros? No, Él nos dio la capacidad para vivir el verdadero significado de la existencia humana que consiste en participar del amor mismo de Dios. Ya no somos la humanidad caída, dirigida por la lujuria. Porque Cristo vino y murió por nosotros, ahora somos humanidad redimida.

El mensaje que con frecuencia nos da la cultura contemporánea es, en efecto, "¡Desplómate! No podemos superar nuestra ansia por el sexo, el dinero o el poder. Lo máximo que podemos hacer es manipularlos o reprimirlos." Este mensaje se presenta con sutileza, en diversas formas.

Por ejemplo, en vez de enseñar a los adolescentes la dignidad de sus cuerpos y una visión integral de la sexualidad, decimos, "son sacos de hormonas. En realidad no podemos cambiar sus hábitos sexuales. Démosles condones." En lugar de explicar a los jóvenes adultos la belleza de la unión nupcial, cuando los vemos vivir juntos fuera del matrimonio, miramos hacia otro lado. Esto es una traición al evangelio; una forma de secuestrar la alegría y el cumplimiento del plan de Dios.

En contraste, el Señor nos dice, "¡Levántate y anda!" ¿Qué significa entonces andar?

Eros y ethos

Las palabras de Cristo en Mateo 5,27-28, nos dice el Papa, pueden parecer, en un primer momento, una grave amenaza contra el **eros** o la pasión erótica. Jesús parece ordenar que la pasión sexual sea aplastada y destruida. Esta es sin embargo una falsa interpretación.

El eros es parte de la fuerza interior que nos atrae a todo lo que es bueno, verdadero y bello. Es un eco de Dios, que es la suprema Bondad, Verdad y Belleza. El eros es bueno; ¡es parte de la forma como Dios nos creó! Esto incluye la atracción mutua entre los sexos, que está orientada hacia la unión carnal del marido y la esposa. Dios ha entretejido en nosotros el don de la comunión, la realidad misteriosa de ser así a imagen Suya. Y ha creado en nosotros el deseo que lleva a la expresión primaria de esa comunión: el matrimonio. Por tanto, el eros no tiene que ser aplastado sino transformado.

¿Como se transforma el eros? Uniéndolo al **ethos**, a los verdaderos valores o ética.

Tendemos a pensar la ética en términos negativos: la vemos simplemente como normas, mandamientos y prohibiciones. Pero Juan Pablo II nos muestra que las palabras de Jesús no son una simple prohibición sino más bien la expresión de un *valor positivo* esencial que nos protege y libera. Eros y ethos—pasión y pureza—"no divergen entre sí, no se contraponen mutuamente, sino que están llamados a encontrarse en el corazón humano y a fructificar en este encuentro."[15]

"En lo "erótico" es necesario vislumbrar continuamente el significado esponsal del cuerpo y la auténtica dignidad del don. Esto es tarea del espíritu humano, tarea de naturaleza ética. Si no se asume esta tarea, la misma atracción de los sentidos y la pasión del cuerpo pueden quedarse en mera concupiscencia carente de valor y dignidad éticos, y el hombre varón y mujer, no experimentará aquella plenitud del "eros" que significa el impulso del espíritu humano hacia lo que es verdadero, bueno y bello."[16]

El verdadero problema no es el eros sino la lujuria, que distorsiona y rebaja al eros cuando se reduce a la otra persona a un objeto. En cierto sentido, lo que el Papa dice es que el deseo sexual, cuando es mera lujuria, ¡no es *suficientemente* erótico! Es una falsificación del verdadero eros. La lujuria ve sólo la superficie; ve al cuerpo como un mero objeto para la propia gratificación. No reconoce la verdadera dignidad ni el valor inapreciable de la persona humana, revelada a través del cuerpo.

Esto no quiere decir que Juan Pablo II reduzca de alguna manera la severidad de las palabras de Cristo. Él dice que en Cristo tenemos ahora la capacidad de llegar a ser verdaderos señores de nuestros impulsos más profundos, "como guardián que vigila una fuente oculta."[17] Particularmente en el área de las relaciones con el sexo opuesto, tenemos que volver a descubrir la belleza espiritual de la persona humana revelada a través del cuerpo, en su masculinidad y feminidad. Cristo ha liberado el corazón humano para que ahora seamos capaces de cernir el oro del significado nupcial del cuerpo y de diferenciarlo de las simples uniones de lujuria.

Esta elevada meta no sólo parece humanamente inaccesible, sino que ciertamente lo es. Pero *es* posible a través de la vida en el Espíritu.

Vida en el Espíritu

En su siguiente sección de enseñanzas, Juan Pablo II pasa de Mateo a Pablo, el gran maestro de la vida en el Espíritu. Las enseñanzas de Pablo son fiel eco de las enseñanzas de Jesús en el Sermón de la Montaña, y nos ayudan a comprender cómo la redención de Cristo se transforma en un poder que actúa en nuestras vidas. La clave es el Espíritu Santo, quien nos pone en contacto con la obra de Jesús en su muerte y resurrección. El Espíritu Santo penetra amorosamente en esas áreas de nuestra personalidad que nos mantendrían cautivos. Él nos abre los misterios del amor de Dios, nos libera y nos capacita para *experimentar* la nueva vida que tenemos en Cristo.

El punto de partida de Juan Pablo II en esta sección de su catequesis es Gálatas 5,17: "Porque la carne desea contra el espíritu y el espíritu contra la carne. Ambos luchan entre sí, y por eso, ustedes no pueden hacer todo el bien que quieren." Para Pablo *carne* no quiere decir nuestros cuerpos físicos. Significa nuestros deseos desordenados (concupiscencia), que están esclavizados por los deseos mundanos y que nos inclinan hacia el pecado. Las obras de la carne no incluyen sólo lo que llamamos comúnmente pecados "carnales" tales como el sexo fuera del matrimonio, sino también los males que dividen, tales como "idolatría y superstición, enemistades y peleas, rivalidades y violencias, ambiciones y discordias, sectarismos, disensiones y envidias, borracheras y orgías, y todos los excesos de esta naturaleza...." (Gálatas 5,20-21).

Gálatas 5,17 describe nuestra tensión interior entre la humanidad caída y la redimida, entre ser regidos por la carne o ser dirigidos por el Espíritu. Esto mismo lo volvemos a ver en Romanos 8,5-9:

"En efecto, los que viven según la carne desean lo que es carnal; en cambio, los que viven según el espíritu, desean lo que es espiritual. Ahora bien, los deseos de la carne conducen a la muerte, pero los deseos del espíritu conducen a la vida y a la paz, porque los deseos de la carne se oponen a Dios, ya que no se someten a su Ley, ni pueden hacerlo. Por eso, los que viven de acuerdo con la carne no pueden agradar a Dios. Pero ustedes no están animados por la carne sino por el espíritu, dado que el Espíritu de Dios habita en ustedes. El que no tiene el Espíritu de Cristo no puede ser de Cristo."

El Espíritu Santo es la fuerza que obra en nosotros, permitiéndonos resistir activamente a la carne y moviéndonos en su lugar, a optar por la vida en Cristo, una vida de amor y entrega. Si cooperamos con el Espíritu en esta batalla, fijando nuestras mentes en El, y dejando que la carne sea crucificada, comenzaremos a experimentar la realidad de la humanidad redimida.

Pasión y pureza

Las enseñanzas de Juan Pablo II nos ayudan a reconocer el error de dos falsas alternativas: la promiscuidad, que guiada por un eros distorsionado da rienda suelta a la lujuria, y la mojigatería en la que el eros es negado o reprimido. Ninguna de estas actitudes corresponde a nuestra dignidad como personas que tienen un cuerpo a imagen de Dios. La primera ve al ser humano como un mero animal; la segunda ve al ser humano como un ángel sin cuerpo. Ambas se basan en una devaluación del cuerpo (una tentación humana perenne, conocida en el mundo antiguo como la herejía de **Maniqueísmo**).

La verdadera respuesta que ubica nuestra sexualidad en el orden correcto es la **pureza de corazón**, a la cual Jesús nos llama en el Sermón de la Montaña: "Felices los que tienen el corazón puro, porque verán a Dios." (Mateo 5,8). La pureza no es un punto intermedio entre la promiscuidad y la mojigatería. Ella trasciende estas dos posiciones al liberar el significado nupcial del cuerpo y permitirnos canalizar nuestros deseos hacia el verdadero valor de la persona. No hay amor real sin pureza.

La pureza es una **virtud**, una aptitud que adquirimos a través de una consistente "abstención de lo no-casto." En este sentido exige un doloroso proceso de crucificar la carne. Pero al mismo tiempo la pureza es un *don* del Espíritu Santo, dado solamente a través de la redención en Cristo. La pureza madura en el corazón de la persona que la cultiva, hasta el punto que la persona disfruta de los frutos de la victoria ganada sobre la lujuria. La pureza le restaura a la experiencia del cuerpo—especialmente en las relaciones entre hombre y mujer—toda su sencillez y su gozo interior.[18] Se trata así de un gozo totalmente distinto a la satisfacción de la lujuria.

La pureza incluye la virtud de la **templanza** o autocontrol, que permite el señorío sobre nuestros propios deseos (ver Gálatas 5,22-24). Ciertamente, la templanza puede a veces sentirse como un vacío o restricción, lo opuesto a la libertad, especialmente cuando se intenta por primera vez, y si ya se han formado hábitos de lujuria.[19] El Papa es realista. ¡La templanza no es fácil!

Sin embargo actuar con templanza no hace que nos perdamos de algo. Ella nos aporta *más*, no *menos*. La persona templada empieza a gozar la **libertad interior del don**, la habilidad de experimentar el verdadero significado de la vida como vocación al don de uno mismo, en amor y pureza. Las capas más profundas del potencial humano, capas que la lujuria de la carne nos esconde, empiezan en cambio a adquirir voz propia en la persona.

La predicación cristiana puede a veces darnos la impresión de que la moral es básicamente una serie de negaciones: no al sexo casual, no a la homosexualidad, no a vivir juntos antes del matrimonio, no a los anticonceptivos, no a la pornografía (básicamente, *no diversión,* según los retratan los medios de comunicación). Sin embargo, ¡deberíamos más bien dar gracias a Dios por la moral cristiana! En última instancia la moral no es un "no", sino un "sí." Toda ella trata de la verdadera libertad; de liberar los deseos que Dios ha puesto en nosotros para que alcancen su pleno potencial. Así, la pasión de la lujuria (codiciando para *mi*) es transformada en la pasión de dar (dándome para *ti*).

Piensa en la diferencia entre un hombre que trata a una mujer como un objeto sexual y un hombre que está apasionadamente atraído por una una mujer, pero la trata con reverencia y cuidado, disfrutando de la belleza de su feminidad y de la persona interior revelada a través de su cuerpo. La pasión unida a la pureza da libertad al cuerpo para que actúe según el propósito para el cual fue diseñado: ser una expresión viva de la comunión espiritual en la que las personas se convierten en un don mutuo de sí mismas.

> "La pureza es gloria del cuerpo humano ante Dios. Es la gloria de Dios en el cuerpo humano, a través del cual se manifiestan la masculinidad y la feminidad. De la pureza brota esa belleza singular que penetra cada una de las esferas de la convivencia recíproca de los hombres y permite expresar en ella la sencillez y la profundidad, la cordialidad y la autenticidad irrepetible de la confianza personal."[20]

Juan Pablo II, en su misma experiencia personal dio ejemplo de esta pureza, libre de mojigatería, a través de la profunda amistad que cultivó con mujeres, a lo largo de su vida.

Templo del Espíritu Santo

Por último, el Papa subraya que el cuerpo humano posee una inestimable dignidad no sólo porque expresa el espíritu humano, sino, sobre todo, porque la presencia del Espíritu Santo habita en él. Gracias a que Cristo, a través de su encarnación, muerte y resurrección se unió de manera singular a la humanidad, el cuerpo humano ha adquirido un mayor honor, más grande incluso al que poseía antes de la Caída. Por tanto, esta nueva dignidad conlleva una nueva obligación.

> "Eviten la fornicación. Cualquier otro pecado cometido por el hombre es exterior a su cuerpo, pero el que fornica peca contra su propio cuerpo. ¿O no saben que sus cuerpos son templo del Espíritu Santo, que habita en ustedes y que han recibido de Dios? Por lo tanto, ustedes no se pertenecen, sino que han sido comprados, ¡y a qué precio! Glorifiquen entonces a Dios en sus cuerpos."
>
> —1 CORINTIOS 6,18-20

Si vivimos de acuerdo al verdadero propósito de nuestras vidas, nuestros cuerpos se convierten en vehículos y expresiones del propio amor de Dios. Las enseñanzas del Papa dan testimonio de que las posibilidades humanas, la dignidad humana, el amor humano, son mucho mayores de lo que el murmullo superficial del mundo nos podría hacer pensar.

Esta imagen de la Samaritana en el pozo (Véase Juan 4,4-30) bellamente expresa la verdad sobre la humanidad redimida y la transformación de la relación entre hombres y mujeres. La vida de la Samaritana era inadecuada: Había tenido cinco maridos y estaba viviendo con otro hombre. Jesús, en vez de rechazarla, o apartarse de ella por mojigatería, como era la costumbre ("ellos se sorprendieron de que estuviera hablando a una mujer"), la invitó a una relación renovada con él. Él se presentó como el verdadero Novio. Leyó su corazón, y ella sabía que era amada.

Herramientas de estudio

Textos de la Sagrada Escritura

Mateo 5,27-28
Romanos 8,20-23
1 Corintios 6,19-20
Gálatas 5,16-23

Doctrina de la Iglesia

"Por su pasión, Cristo nos libró de Satán y del pecado. Nos mereció la vida nueva en el Espíritu Santo. Su gracia restaura en nosotros lo que el pecado había deteriorado." (CIC N° 1708)

Audiencias Generales de Juan Pablo II

5 de noviembre de 1980, al 8 de abril de 1981

Conceptos Claves

Eros: Deseo sexual o romántico de una persona, hacia otra del sexo opuesto. *Eros* forma parte también de la fuerza interior que Dios nos dio, gracias a la cual todo lo que es bueno, verdadero y bello nos atrae.

Ethos: Lo que corresponde a la verdadera moral o valores éticos.

Libertad interior para el don: La habilidad de entregarse a otro con amor sincero y pureza, gracias al autodominio, que la redención de Cristo hace posible.

Maniqueísmo: una filosofía dualística que ve al cuerpo humano y a todo lo que pertenece al mundo material como malo o despreciable. Para el Maniqueísmo sólo lo del mundo espiritual es valioso.

Pureza de Corazón: La libertad de ver el cuerpo en su verdadera dignidad, esto es, no como un objeto para la satisfacción de los propios deseos, sino como la expresión de la persona interior. La pureza es una virtud adquirida con la práctica de la templanza, pero también es un don del Espíritu Santo.

Templanza: Es la virtud del autocontrol, que permite a una persona dominar sus deseos en vez de ser dominado por ellos.

Virtud: Una disposición firme y permanente a hacer lo que es bueno, que se consigue, ya sea por la práctica repetida de actos buenos, o por un don especial de gracia.

Preguntas para la Reflexión y Discusión

1. Reflexionar sobre Mateo 5,8; Santiago 3,16-18; y Tito 1,15. ¿En qué forma una persona pura puede "ver" a otras personas, mejor que una persona impura?

2. Con tus propias palabras, explica la diferencia entre la pureza de corazón y la promiscuidad y la mojigatería.

3. ¿Por qué un eros que está unido al ethos puede ser más apasionado que un eros lujurioso?

4. En ambiente de oración, leer Romanos 8,5-10 y Gálatas 5,13-26. ¿De qué formas podría estar el Señor llamándote para que fijes tu mente en el Espíritu, en vez de en la carne?

5. En el pasado, ¿Cuál ha sido tu reacción interior a la enseñanza de Jesús en Mateo 5,26-27? ¿La Teología del cuerpo te ha aportado alguna respuesta diferente ante estas palabras?

6. ¿De qué manera puede el Señor estar llamándote a "volver a descubrir el significado nupcial de tu cuerpo?

Aplicación Práctica

Piensa en alguien que conozcas que parezca haber perdido el sentido de su dignidad y valor como persona. Pide al Espíritu Santo que te muestre una forma específica como podrías, en esta semana, ayudarla a crecer en el amor. Pide igualmente para ti el don de pureza de corazón, en todas tus relaciones.

Versículos para memorizar

"Yo los exhorto a que se dejen conducir por el Espíritu de Dios, y así no serán arrastrados por los deseos de la carne."

—GÁLATAS 5,16

"¿O no saben que sus cuerpos son templo del espíritu Santo, que habita en ustedes y que han recibido de Dios? Por lo tanto, ustedes no se pertenecen, sino que han sido comprados, ¡y a qué precio! Glorifiquen entonces a Dios en sus cuerpos."

—1 CORINTIOS 6,19-20

Capítulo Cinco

Humanidad Glorificada

Habiendo ya recorrido las tres primeras etapas del panorama de la historia humana, llegamos ahora a la fase final, la que Dios ha planeado para nosotros desde toda la eternidad: la humanidad glorificada. El destino para el cual fuimos creados, y frente al cual la vida en la tierra es apenas una sombra fugaz, consiste en resucitar en cuerpo y estar eternamente unidos en amor con la Santísima Trinidad. El esplendor e incomparable alegría de este final están más allá de cualquier cosa que podamos imaginar (ver Corintios 2,9-10).

Aunque los cristianos vivimos en la esperanza del cumplimiento pleno de esta salvación prometida por Dios, podemos sin embargo comenzar desde ya a experimentar un anticipo de ello en la medida en que aprendemos a dar y recibir amor, de acuerdo con el significado nupcial de nuestros cuerpos. Las pruebas y sufrimientos que forman parte diariamente de nuestro crecimiento en santidad nos preparan para este pleno cumplimiento de la obra de salvación de Dios en nosotros:

> "Nuestra angustia, que es leve y pasajera, nos prepara una gloria eterna, que supera toda medida. Porque no tenemos puesta la mirada en las cosas visibles, sino en las invisibles: lo que se ve es transitorio, lo que no se ve es eterno."

> —2 Corintios 4,17-18

No sólo los seres humanos sino también todo el cosmos está deseando que llegue la transformación que ocurrirá en ese último día, cuando nuestros cuerpos serán resucitados de entre los muertos (ver Romanos 8,19-21).

Juan Pablo II empieza esta sección de sus enseñanzas con el pasaje donde los saduceos cuestionan a Jesús sirviéndose de una situación hipotética sobre la vida futura:

"Se le acercaron unos saduceos, que son los que niegan la resurrección, y le propusieron este caso: «Maestro, Moisés nos ha ordenado lo siguiente: «Si alguien está casado y muere sin tener hijos, que su hermano, para darle descendencia, se case con la viuda». Ahora bien, había siete hermanos. El primero se casó y murió sin tener hijos. El segundo se casó con la viuda y también murió sin tener hijos; lo mismo ocurrió con el tercero; y así ninguno de los siete dejó descendencia. Después de todos ellos, murió la mujer. Cuando resuciten los muertos, ¿de quién será esposa, ya que los siete la tuvieron por mujer?» Jesús les dijo: «¿No será que ustedes están equivocados por no comprender las Escrituras ni el poder de Dios? Cuando resuciten los muertos, ni los hombres ni las mujeres se casarán, sino que serán como ángeles en el cielo. Y con respecto a la resurrección de los muertos, ¿no han leído en el Libro de Moisés, en el pasaje de la zarza, lo que Dios le dijo: Yo soy el Dios de Abraham, el Dios de Isaac y el Dios de Jacob? El no es un Dios de muertos, sino de vivientes. Ustedes están en un grave error»."

—MARCOS 12,18-27

La verdadera intención de la pregunta de los Saduceos no es de origen espiritual sino un intento de forzar a Jesús a que diga que la resurrección del cuerpo no existe. Su dilema nos muestra, sin embargo, que los Saduceos ignoran dos cosas: las Escrituras y el poder de Dios. Jesús habla de estos dos puntos en orden inverso.

"El poder de Dios" no radica solamente en poder restablecerle al ser humano la vida terrena, sino en darle una existencia completamente nueva y transformada. Como Dador de Vida, Dios no está atado por la ley de la muerte que rige nuestra historia terrena.

"Las Escrituras," a las cuales Jesús hace referencia corresponden a un pasaje del libro del Éxodo donde Dios dice a Moisés, "Yo soy el Dios de tu padre, el Dios de Abrahán, el Dios de Isaac y el Dios de Jacob" (Éxodo 3,6). De este modo Jesús hace notar que afirmar que Dios es "Dios de *alguien*," supone que esa persona esté en su presencia, es decir, ¡que esté vivo! Más aún, ser el "Dios de Abrahán" significa ser su protector y por eso mismo guardarle de la muerte (ya que en su sentido más profundo, estar muerto es estar eternamente separado de Dios). Ahora bien, si es *Abrahán* quien es protegido de la muerte, entonces todo el ser Abrahán—esto es, tanto su cuerpo como su alma, son preservados, pues como toda persona, él es corpóreo.

Al repetir, "Estáis equivocados" … "Estáis en un gran error " Jesús hace insistentemente hincapié en la importancia de la verdad de la resurrección del cuerpo. ¿Cuántos de nosotros sin embargo casi no nos percatamos de esta verdad, a pesar del hecho de que recitamos el Credo todos los domingos?

El cuerpo en la vida venidera

Al igual que la verdad sobre nuestra humanidad original, tenemos conocimiento de la humanidad glorificado solamente a través de la Palabra revelada de Dios. ¿Cómo será la vida resucitada? Jesús nos da dos pistas significativas en su respuesta a los Saduceos. Primero, al decir que "en la resurrección ni se casan [como lo hacen los hombres en la tierra] ni tampoco son dadas en matrimonio [como lo son las mujeres en la tierra]," nos indica que en la vida resucitada nuestros cuerpos seguirán siendo masculinos y femeninos. La vida transformada que Dios nos ha preparado desde toda la eternidad sigue siendo una vida *humana*. Porque somos personas corporales, nuestro sexo es una dimensión permanente de nuestro ser, incluso en el cielo.

Jesús nos enseña igualmente que en la vida futura la masculinidad y la feminidad serán diferentes que en la tierra. Nuestra diferenciación sexual ya no tendrá conexión con la unión sexual y la procreación, sino que seremos "como ángeles". Esto no significa que nos convertiremos en espíritus sin cuerpo, sino que tendremos una existencia celestial y eterna como los ángeles, que no necesitan reproducirse. El significado nupcial del cuerpo será revelado entonces plenamente "como el significado virginal del ser masculino y femenino."[21]

Nuestros cuerpos se convertirán en la expresión de la unión nupcial con Dios mismo, lo cual transcenderá infinitamente la unión en una sola carne de marido y mujer. En este matrimonio celestial, el significado más profundo del cuerpo será cumplido, porque cada persona llegará a ser el don total de sí mismo, en perfecta comunión con Dios y con los otros. Cada persona será inmensurablemente feliz por la unión con el Novio divino, sin embargo este gozo aumentará al ser compartido en la comunión de los santos.

San Pablo desarrolla ampliamente las enseñanzas de Jesús, basándose en el propio encuentro de Pablo con el Señor resucitado. Pablo nos enseña que nuestros cuerpos no solo serán restablecidos a la vida sino totalmente renovados (¡buena noticia para aquellos de nosotros que no estamos enteramente felices con nuestro cuerpo terrenal!). Ya no habrá ninguna enfermedad, dolor o desintegración física. La oposición entre espíritu y cuerpo con la que constantemente luchamos, terminará. El cuerpo será espiritualizado; eso es, estará lleno del Espíritu Santo y en perfecta armonía con él.

> "Lo mismo pasa con la resurrección de los muertos: se siembran cuerpos corruptibles y resucitarán incorruptibles; se siembran cuerpos humillados y resucitarán gloriosos; se siembran cuerpos débiles y resucitarán llenos de fuerza; se siembran cuerpos puramente naturales y resucitarán cuerpos espirituales. Porque hay un cuerpo puramente natural y hay también un cuerpo espiritual."

—1 CORINTIOS 15,42-44

En el cielo todos veremos a Dios cara a cara y seremos como él (ver 1 Juan 3,2). Esto es lo que los padres de la Iglesia llamaron *deificación*. Compartiremos la vida interior de la Trinidad (ver 2 Pedro 1,4). Esto no quiere decir que nuestra identidad personal desaparecerá, sino que llegará más bien a su plena realización.

¡Que visión del amor de Dios por nosotros muestra la Biblia! Seremos los gozosos receptores del don personal del Dios Trino, en lo más profundo de nuestro ser. Para ésto hemos sido creados.

"La participación en la naturaleza divina, la participación en la vida íntima de Dios mismo, penetración e impregnación de lo que es esencialmente humano por parte de lo que es esencialmente divino, alcanzará entonces su vértice, por lo cual la vida del espíritu humano llegará a una plenitud tal, que antes le era absolutamente inaccesible."[22]

Aunque esta gloria está por venir, incluso ahora, por obra del Espíritu Santo, podemos experimentar los primeros frutos de la humanidad glorificada. Como ya se dijo, el propósito de nuestra vida en la tierra es aprender a amar y ser amados, como Dios ama, y así prepararnos para compartir su vida eternamente. Con cada decisión que tomemos de ser un don de nosotros para los demás, en vez de usar o buscar la propia satisfacción en nuestras relaciones, nos hacemos más como Cristo y vivimos más plenamente el significado nupcial del cuerpo.

Los santos son nuestros modelos en este proceso de deificación. Observa cómo ellos se abrieron totalmente al don que Dios hace de sí mismo y cómo respondieron radicalmente entregándose también ellos a Dios, ya fuera en su vocación al matrimonio o al celibato. Al seguir su ejemplo, también nosotros empezamos a cruzar el umbral y a entrar en la realidad de la vida eterna—aunque no será en plenitud, hasta que entremos en la gloria.

Celibato por el Reino

Juan Pablo II introduce sus reflexiones sobre el carisma al **celibato** en este contexto de la humanidad glorificada. Sólo en la perspectiva del matrimonio celestial entre Dios y su pueblo puede comprenderse debidamente la vocación al celibato.

Antes de que Jesús viniera, la vocación al celibato no existía. El pueblo judío veía el matrimonio como la mayor bendición y realización posibles en la vida humana, basado en la propia palabra de Dios en Génesis 1,28. Desde luego se consideraba una terrible desgracia e incluso una maldición el morir sin haber tenido esposo/a o hijos (ver Jueces 11,37). Así que cuando Jesús habló a sus discípulos sobre el celibato por el Reino, él estaba instituyendo algo radical y totalmente nuevo:

"Porque hay eunucos que nacieron así del seno materno, y hay eunucos que fueron hechos tales por los hombres y hay eunucos que se hacen tales a sí mismos por el Reino de los Cielos. Quien pueda entender que entienda."

—MATEO 19,12

Como lo recalca Juan Pablo II, al usar el rudo término de *eunuco*, Jesús estaba aludiendo a la auto-negación que supone el abrazar la llamada al celibato. Jesús no quería encubrir el hecho de que esta vocación supone una renuncia.

Al mismo tiempo Jesús indica que el celibato para el reino es un *carisma*, un don que Dios concede a quienes El quiere, invitándoles a que lo acepten libremente. También Pablo lo señala en 1 Corintios 7,7. Aquellos que reciben este don están tan profundamente conmovidos por el amor de Cristo, el Novio divino, que desean corresponderle de una forma radical. Ellos no rechazan su sexualidad; más bien hacen una entrega completa de ella a Dios. Abrazar generosamente esta llamada es una fuente de gozo y da fruto abundante—de maternidad o paternidad espiritual.

Como el matrimonio terreno, la consagración a Cristo por un voto de celibato, para toda la vida, es la expresión de una donación exclusiva y total de sí. Una mujer célibe está unida en desposorio a Cristo, y un hombre está unido en desposorio a la Iglesia, en una forma que no es compatible con la unión conyugal con otra persona. Hay una completa disponibilidad y una total pertenencia.

Una persona célibe asume el misterio total de su ser como persona, incluyendo su sexualidad, y lo entrega a Dios, total e irrevocablemente. Esta vocación proclama a los demás en el lenguaje del cuerpo: "El amor de Dios es real, y es totalmente suficiente. No necesitas sexo y matrimonio para sentirte realizado como persona."

Vocaciones complementarias

La afirmación que Jesús hace de esta llamada especial, de ninguna manera es una devaluación del matrimonio. Por el contrario, la vocación al celibato salvaguarda el hecho de que el matrimonio es también un llamamiento santo del Señor, no una necesidad biológica o emocional.

Renunciar al matrimonio por Cristo tiene valor precisamente porque el matrimonio es bueno en sí.

A la vez, el celibato por el Reino es un signo de que el matrimonio y la procreación, buenos como son, pertenecen solamente a esta vida. No habrá matrimonio en el cielo, porque la boda celestial de la que el matrimonio terrenal es un signo, será infinitamente superior. Aquellos que tienen el carisma del celibato anticipan, de alguna manera, esa boda celestial. Son símbolos de la vida a la que todos somos llamados en la eternidad. Así pues, sería una equivoco ver el celibato simplemente como una opción para ganar más tiempo y eficiencia al hacer obras buenas.

Como San Pablo explica, el celibato es para darse plenamente a Dios:

> "Yo quiero que ustedes vivan sin inquietudes. El que no tiene mujer se preocupa de las cosas del Señor, buscando cómo agradar al Señor. En cambio, el que tienen mujer se preocupa de las cosas de este mundo, buscando cómo agradar a su mujer, y así su corazón está dividido. También la mujer soltera, lo mismo que la virgen, se preocupa de las cosas del Señor, tratando de ser santa en el cuerpo y en el espíritu. La mujer casada, en cambio, se preocupa de las cosas de este mundo, buscando cómo agradar a su marido. Les he dicho estas cosas para el bien de ustedes, no para ponerles un obstáculo, sino para que ustedes hagan lo que es más conveniente y se entreguen totalmente al Señor."

1 CORINTIOS 7,32-35

Tal entrega indivisa al Señor es posible por la presencia del Reino en Jesucristo. Al integrarnos en la familia de Dios, Jesús nos ha dado una nueva visión de la vida humana que relativiza la importancia de las cosas de este mundo—incluso de los lazos familiares con marido y mujer, padres o hijos (ver Mateo 10,37). Por *su* humanidad transformada, presente en nuestros corazones por la fe, es posible desde ahora vivir de tal manera que se comparta la adoración de los santos y de los ángeles que ven a Dios (ver Apocalipsis 4-5). La vocación el celibato por el Reino nos muestra así a todos que "la apariencia de este mundo es pasajera" (1 Corintios 7,31)

Así como dos personas casadas simbolizan la relación que Cristo tiene ahora con su Iglesia (y su compromiso es un sacramento), así también la persona célibe es un símbolo vivo de cómo esa relación será perfecta en el cielo. La Iglesia necesita ambos, cristianos casados y célibes. Estas son dos formas complementarias de servir al Señor. Cada vocación fortalece y eleva a la otra cuando se viven con integridad. Tanto los casados como los célibes son llamados a practicar la **castidad**, eso es, a tener un orden en su sexualidad de tal manera que se viva respetando la unidad interior de cuerpo y espíritu que hace posible darse a sí mismo, con un amor de auto-entrega.

La tradición ha mantenido que la forma de vida célibe es la "mejor parte" porque es la que se asemeja más a la meta de nuestra vida (ver 1 Corintios 7,38). Pero subjetivamente, lo que es mejor para cada individuo es abrazar la vocación a la que Dios le ha llamado personalmente. "Cada cual tiene de Dios su gracia particular: unos de una manera, otros de otra" (1 Corintios 7,7). Sólo viviendo nuestra vocación con sinceridad y perseverancia crecemos en santidad y nos vamos preparando para "lo que nadie vio ni oyó y ni siquiera pudo pensar, aquello que Dios preparó para los que lo aman" (1 Corintios 2,9).

Esta imagen de la Transfiguración nos muestra el cuerpo humano de Cristo radiante y envuelto en su divina gloria. Su cuerpo es un signo y anticipación de lo que nuestros cuerpos glorificados serán en el cielo.

Herramientas de estudio

Textos de la Sagrada Escritura

Mateo 22,23-33
Romanos 8,19-21
1 Corintios 15,35-53
1 Juan 3,2

Doctrina de la Iglesia

"En la muerte, separación del alma y el cuerpo, el hombre cae en la corrupción, mientras que su alma va al encuentro con Dios, en espera de reunirse con su cuerpo glorificado. Dios en su omnipotencia dará definitivamente a nuestros cuerpos la vida incorruptible uniéndolos a nuestras almas, por la virtud de la Resurrección de Jesús." (CIC, N° 997)

Audiencias Generales de Juan Pablo II

Del 11 de noviembre de 1981, al 21 de julio de 1982

Conceptos Claves

Celibato por el Reino: La renuncia voluntaria al matrimonio terrenal a favor de la unión marital con Cristo (para la mujer) o con la Iglesia (para el hombre).

Castidad: el correcto ordenamiento de la sexualidad, de tal manera que se viva respetando la unidad interior de cuerpo y espíritu que hace posible darse a sí mismo, con un amor de auto-entrega. Esta virtud debe ser practicada por todos los cristianos, cualquiera que sea su estado de vida. Para los no casados, la castidad supone abstenerse del sexo; para los casados, la castidad significa que todos los deseos sexuales y comportamientos sean una sincera expresión de la alianza matrimonial.

Preguntas para la Reflexión y Discusión

1. Leer Mateo 22,30 y 1 Corintios 15,35-53. ¿Qué visión te dan estos textos acerca de nuestros cuerpos glorificados en el cielo?
2. En contexto de oración, Reflexionar sobre 1 Corintios 7,29-31, Filipenses 3,20-21 y 1 Juan 3,1-3. ¿De qué manera concreta tu actitud ante la vida pudieran empezar a cambiar, al llenar tu mente con la esperanza de la resurrección del cuerpo?
3. Reflexiona sobre 1 Corintios 6,13-14. ¿Cómo nos ayuda este pasaje a comprender la castidad cristiana?
4. Lee 1 Corintios 7,29-31. En tu experiencia, ¿Qué ejemplos puedes dar de la forma como el carisma del celibato y el sacramento del matrimonio se complementan en la Iglesia?
5. Medita durante unos minutos sobre las promesas de Dios, su generosidad, su respeto por la naturaleza humana con la cual hemos sido creados, y escribe una oración de gratitud.

Aplicación Práctica

Durante esta semana, dedica el mayor tiempo posible a pensar sobre el cielo (evitando clichés sobre nubes y arpas). Pide al Señor que te dé un sentido de esperanza e ilusión al esperar que tu cuerpo será glorificado y que estará con Él y tus seres queridos, por toda la eternidad.

Versículo para memorizar

"Yo considero que los sufrimientos del tiempo presente no pueden compararse con la gloria futura que se revelará en nosotros.... Porque también la creación será liberada de la esclavitud de la corrupción para participar de la gloriosa libertad de los hijos de Dios."

—ROMANOS 8,18.21

CAPÍTULO SEIS

Matrimonio:
El Sacramento Primordial

Cuanto más leemos la Palabra de Dios, más descubrimos el tema que subyace en ella: el tema del amor nupcial. Las primeras palabras humanas citadas en la Escritura son las de un novio: la exclamación de admiración de Adán al ver por primera vez a Eva, su novia. Las últimas palabras en la Escritura son "El Espíritu y la Novia dicen, ¡Ven!"—expresando el anhelo de la Iglesia por Cristo, su Novio celestial. En medio de la Biblia encontramos, en el Cantar de los Cantares, la gran expresión mística del romance entre Dios y su pueblo. Comenzando por Adán y Eva y terminando con la fiesta de boda eterna del Cordero, Dios habla de su amor por nosotros como el amor del esposo por su esposa.

El matrimonio es, de hecho, la clave simbólica más profunda que usa la Biblia para expresar la relación entre Dios y la humanidad. Como escribe el Papa, "Ése misterio, como plan salvífico de Dios con relación a la humanidad, es, en cierto sentido, el tema central de toda la revelación; su realidad central." Por eso él llama al matrimonio el **sacramento** "primordial": "la más antigua revelación (manifestación) de ese plan en el mundo creado."[23]

Primordial aquí no significa "el más grande." El sacramento más grande es la Eucaristía, la fuente y cima de la vida cristiana. *Primordial* significa más bien "el primero en orden", el "fundacional." Incluso la

Eucaristía es "nupcial": Cada vez que la celebramos, es una renovación de la total auto-entrega de Cristo a nosotros en la cruz y de nuestra respuesta en amor y gratitud como su novia. "En cierto sentido todos los sacramentos de la nueva alianza encuentran su prototipo en el matrimonio como el sacramento primordial."[24]

Al abordar este tema, el Papa se dirige a Efesios 5,21-33, el pasaje que más claramente expresa la analogía entre la unión de los esposos y la unión de Cristo con su Iglesia. Pablo habla de esta analogía como un "gran misterio." Miremos entonces primero los antecedentes bíblicos de este pasaje.

Israel, esposa de Dios

Los profetas de Israel desarrollaron la imagen del amor conyugal con gran profundidad. A menudo ellos usan esta imagen en el contexto de un reproche. El pueblo elegido no comprendía ni correspondía al amor apasionado de Dios por ellos. Al contrario, ellos respondían con infidelidad y traición, especialmente con su idolatría, adorando a dioses extranjeros. "Pues bien, lo mismo que engaña una mujer a su compañero, así me ha engañado la Casa de Israel—oráculo de Yahvé" (Jeremías 3,20).

Sin embargo, a pesar de lo inconstante que era el pueblo, Dios les respondía, una y otra vez, con paciencia e incansable compasión.

> "Porque tu esposo es aquel que te hizo: su nombre es Señor de los ejércitos; tu redentor es el Santo de Israel: él se llama «Dios de toda la tierra». Sí, como a una esposa abandonada y afligida te ha llamado el Señor: «¿Acaso se puede despreciar a la esposa de la juventud?». dice el Señor. Por un breve instante te dejé abandonada, pero con gran ternura te uniré conmigo; … Aunque se aparten las montañas y vacilen las colinas, mi amor no se apartará de ti, mi alianza de paz no vacilará, dice el Señor, que se compadeció de ti."
>
> —ISAÍAS 54,5-7.10

> "No te dirán más «¡Abandonada!», sino que te llamarán «Mi deleite», y a tu tierra «Desposada». Porque el Señor pone en ti su deleite y tu tierra tendrá un esposo. Como un joven se casa

con una virgen, así te desposará el que te reconstruye; y como la esposa es la alegría de su esposo, así serás tú la alegría de tu Dios."

—Isaías 62,4-5

Como lo señala el Papa, "estas palabras rebosan con el auténtico ardor del amor". "Nos vuelven al misterio escondido en el corazón mismo de Dios."[25] Revelan que el amor de Dios por su pueblo es un don que surge enteramente de su propia iniciativa; es totalmente libre. Sin embargo este amor es tan apasionado que Dios voluntariamente se une en alianza a su novia elegida, con un juramento solemne de fidelidad.

Estas imágenes también revelan el carácter indudablemente personal del pecado. Romper la alianza no es una simple infracción a un "contrato" hecho con Dios como supremo Legislador: Es un *adulterio*. "Se trata de un golpe que incluso traspasa su corazón de Padre, de Esposo y de Señor."[26]

"Aquel día—oráculo del Señor—tú me llamarás: «Mi esposo» y ya no me llamarás: «Mi Baal». Le apartaré de la boca los nombres de los Baales, y nunca más serán mencionados por su nombre. ...Yo te desposaré para siempre, te desposaré en la justicia y el derecho, en el amor y la misericordia; te desposaré en la fidelidad, y tú conocerás al Señor."

—Oseas 2,18-19. 21-22

Dios compara aquí a Israel con una prostituta cuyo marido se divorcia de ella furioso, pero luego la restaura. La palabra "desposar" solo se usaba para vírgenes. La elección de Oseas de esta palabra significa que Dios no solamente restaura la relación sino recupera la integridad del principio. ¡La novia no es destruida sino transformada! El comportamiento de Dios con su novia, su decisión definitiva es amarla en fidelidad. La frase final, "tu *conocerás* a Yahvé" alude a la unión íntima conyugal, tal como aparece en el Génesis: "El hombre conoció a Eva, su mujer, y ella concibió" (Génesis 4,1).

Estos pasajes permiten que ahondemos en la comprensión del amor de Dios por su pueblo, al tiempo que elevan grandemente el significado del matrimonio humano. El matrimonio no es solamente un convenio social; es un llamamiento santo cuyo propósito es dar testimonio del carácter amoroso de Dios mismo. Por eso Dios "odia el divorcio" (ver Malaquías 2,14-16).

El gran canto de amor

La máxima imagen del matrimonio en el Antiguo Testamento es la canción de amor atribuida al Rey Salomón, conocida como el Cantar de los Cantares. Los antiguos rabinos judíos tenían una gran reverencia por las verdades místicas escondidas en este libro. Como dijo uno de ellos, "ninguna época vale tanto como el día en que el Cantar de los Cantares fue dado a Israel; porque todos los escritos son santos, pero el Cantar de los Cantares es el Santo de los Santos." También dijo que "aunque la Torá no se hubiera dado a Israel, el Cantar de los Cantares hubiera sido suficiente para guiar al mundo."[27]

El Cantar es una poesía de amor, una balada romántica que celebra el amor entre un hombre y una mujer. En ella no se menciona a Dios. Porque el lenguaje es "erótico", en distintas épocas se le ha prohibido a los cristianos leerlo. Sin embargo es uno de los libros más comentados de todas las Escrituras. A través de la tradición cristiana, el Cantar de los Cantares ha sido una fuente de teología mística y espiritual.

En la interpretación del Cantar han predominado, a lo largo de los siglos, dos tendencias principales. Una primera, común entre los Padres de la Iglesia, fue la lectura alegórica, que ve en cada línea una especie de figura o alusión simbólica de Cristo, la Iglesia o el alma individual. Por ejemplo, los dos pechos de la mujer se vieron a veces como una figura de los dos testamentos de la Biblia. El otro enfoque, más típico entre los eruditos bíblicos modernos, consiste en tomar el Cantar en un sentido puramente literal, como una poesía de amor humano que no debería ser leído alegóricamente.

Juan Pablo II une creativamente estos dos enfoques, reconociendo que el significado espiritual no niega o reduce el significado literal, sino que más bien le da su valor pleno y rico. El Cantar celebra la atracción mutua y la unión en una sola carne entre el hombre y la mujer, lo cual es en sí misma una realidad grande y preciosa. Pero en el plan de Dios esta realidad humana nos revela también algo de Dios mismo.

Como lo señala el Papa, las palabras de amor en el Cantar se centran en el cuerpo humano. Desde luego, el cuerpo es la fuente de la fascinación mutua del amante y su amada. Sin embargo las expresiones de admiración no se detienen ahí, sino que implican a toda la persona. El amante llama a su amada "mi hermana, mi novia," indicando que ella es su igual y abrazando todo su ser con ternura desinteresada—lo contrario a la lujuria. También la compara con un "huerto cerrado" con una "fuente sellada," reconociéndole así su inviolabilidad interior. Por eso, como dueña de su propia voluntad ella responde, "soy de mi amado y mi amado es mío," entregándose a él con completa libertad.

De igual manera, cuando las imágenes de este amor de pareja se comprenden como figura de la alianza entre Dios y su pueblo, el Cantar tiene mucho que enseñarnos sobre el ardor con el cual Dios nos ama y sobre su profundo respeto por nuestra libertad como personas.

La iglesia, esposa de Cristo

En el Nuevo Testamento San Pablo eleva la imagen de los desposorios a un nuevo nivel, particularmente en el pasaje de la carta a los Efesios, en el cual Juan Pablo II centra su atención: "Maridos, amen a su esposa, como Cristo amó a la Iglesia y se entregó por ella, para santificarla." (Efesios 5,25-26). Para Pablo, la muerte de Jesús por nosotros en la cruz es el acto máximo de su amor nupcial. La cruz es la consumación—la acción completa en la carne—de la alianza eterna de amor con su pueblo. Al entregar su vida por nosotros, el Hijo de Dios se unió a la Iglesia con amor indisoluble. Su don es radical y total; es el extremo de la auto-entrega al que el amor de Dios pudo llegar por nosotros.

De esta manera queda claro que la esencia del amor del marido es dar su vida por su esposa.¿Cuál es entonces la esencia de la respuesta de la esposa? *Recibir* ese amor con una apertura completa y *devolverlo* con una entrega recíproca de sí. La unión conyugal existe solamente cuando la entrega es recíproca. De igual manera, sólo cuando reconocemos el acto de amor de Jesús en la cruz, como lo que es, y respondemos a él en gratitud y amor, nuestra unión de alianza con él se realiza. "De este modo la Iglesia vive del sacramento de la redención, y, a su vez, completa este sacramento como la mujer, en virtud del amor nupcial, completa al propio marido."[28]

La alianza entre marido y mujer es consumada y renovada en su unión física: los dos se hacen una sola carne. De forma análoga, la Eucaristía es la consumación y renovación de la entrega esponsal de Cristo en la cruz. Es la unión de su propia carne con la Iglesia. Cada vez que consumimos la Eucaristía, somos invitados a entrar en una "comunión" personal con Cristo, para recibir el don total de sí mismo en las profundidades de nuestro corazón y responderle entregándonos a él en amor y gratitud.

La **analogía esponsal** es una verdad no solamente para la Iglesia en conjunto, sino para cada uno de nosotros como individuos, tanto hombres como mujeres. Juan Pablo II dice:

> "Por medio de la Iglesia, todos los seres humanos, hombres y mujeres, están llamados a ser la "esposa" de Cristo, …. Ese Dios que "nos amó primero" (1 Jn 4,19) y no dudó en entregar a su Hijo por amor (cf. Jn 3,16) impulsa a la Iglesia a recorrer "hasta el extremo" (cf. Jn 13,1) el camino del amor. Y está llamada a hacerlo con la lozanía de dos esposos que se aman en la alegría de la entrega sin reservas y en la generosidad diaria."[29]

Amar a Dios con amor esponsal no es impedimento para tener un conyugue humano. Pero si es una clase de amor que supone la entrega total de nuestro entero ser.

El perfecto modelo de la respuesta nupcial a Dios es la Virgen María. Cuando el ángel Gabriel se le presentó en la Anunciación, ella dijo: *Fiat*, "Hágase en mí según tu palabra" (Lucas 1,38). Como ningún otra persona, María recibió el don de Dios con una apertura, disponibilidad y gratitud completas. Y su comunión nupcial con Dios fue tan total y tan fructífera que concibió y dio a luz al Hijo de Dios mismo.

De igual manera, todos estamos llamados a "concebir" a Dios, a hacerle sitio en nuestros corazones. Debemos poder decir como Pablo, "no vivo yo, sino que es Cristo quien vive en mí" (Gálatas 2,20). Al hacerlo, seremos, como María *theotokos,* es decir, "genitores" o portadores de la vida de Dios.

Vivir esta verdad supone sin embargo reconocer que la santidad no es algo que yo *hago,* sino algo que *recibo.* ¡Esta verdad es muy liberadora! Nos quita la presión de tener que depender de nuestros propios esfuerzos religiosos. No tener en cuenta esta verdad hace que con frecuencia, en la Iglesia, nos perdamos en todo tipo de esfuerzos por hacer cosas "por Cristo", olvidándonos así de sentarnos más bien a sus pies y recibir lo que sólo Él tiene para darnos. Esto limita gravemente el que demos fruto.

Debemos tener en cuenta que ser receptivos no es, en absoluto, lo mismo que ser pasivos. Ser receptivos compromete toda nuestra energía. Así por ejemplo, para un jugador de fútbol, correr para coger la pelota supone tanta habilidad como el correr para tirarla. Escuchar con la debida atención a un orador empeña tanta energía concentración y raciocinio como el saber hablar. Como miembros de la Iglesia, cuanto más receptivos seamos a la inmensidad del amor que Dios derrama sobre nosotros, más fruto espiritual daremos, y así, a través nuestro, otros podrán nacer y crecer dentro de la familia de Dios.

En esta imagen de las bodas de Caná, Jesús está en primer plano, al lado de su madre, para mostrar que Cristo es el verdadero Novio y la Iglesia (personificada en María) es la novia. La historia de la boda en Caná (Juan 2,1-11), apunta simbólicamente a la Pasión, en la que Jesús consuma su matrimonio con la Iglesia, entregando su vida por ella en la cruz.

Herramientas de estudio

Textos de la Sagrada Escritura

Cantar de los Cantares
Isaías 54,4-10
Efesios 5,21-33

Doctrina de la Iglesia

"Cristo es el Esposo, porque «se ha entregado a sí mismo»: su cuerpo ha sido «dado», su sangre ha sido «derramada» (cf. Lc 22,19-20). De este modo «amó hasta el extremo» (Jn 13,1). El «don sincero», contenido en el sacrificio de la Cruz, hace resaltar de manera definitiva el sentido esponsal del amor de Dios. … *La Eucaristía es el sacramento … del Esposo, de la Esposa.* La Eucaristía hace presente y realiza de nuevo, de modo sacramental, el acto redentor de Cristo, que «crea» la Iglesia, su cuerpo. Cristo está unido a este «cuerpo», como el esposo a la esposa."

—JUAN PABLO II, SOBRE LA DIGNIDAD Y VOCACIÓN DE LA MUJER, 26

Audiencias Generales de Juan Pablo II

28 de julio al 24 de noviembre de 1982

Conceptos Claves

Sacramento: Signo visible de una realidad invisible. En el sentido más específico, los siete sacramentos son los signos instituidos por Cristo y administrados por la Iglesia, que significan y confieren la gracia divina.

Analogía esponsal: Las figuras simbólicas, tomadas de la vida matrimonial, que la Biblia usa para representar el amor de Dios por su pueblo, y más específicamente el amor de Cristo por su Iglesia, como el amor de un marido por su esposa. Esta analogía revela la gratuidad, el ardor y la fidelidad con la cual Dios nos ama. El matrimonio humano no solamente refleja sino que participa del poder que emana este misterio de la unión esponsal de Dios con su pueblo.

Preguntas para la Reflexión y Discusión

1. Elige uno o dos pasajes del Antiguo Testamento, de los mencionados arriba, que contengan imágenes esponsales y medítalos en oración. ¿Qué te dicen estos textos de Dios y de la relación que tiene contigo?

2. ¿En qué medida, estos mismos pasajes, enriquecen tu comprensión del significado del matrimonio humano?

3. Lee 2 Corintios 11,2; Efesios 5,21-33 y Apocalipsis 19,7-8; 21,1-4. En tu experiencia, ¿Consideras que la Iglesia reconoce y vive verdaderamente su identidad como una novia, o por el contrario, algunas veces, se parece más a una viuda? ¿Cómo podría la Iglesia convertirse más plenamente en lo que es?

4. ¿Qué significa que la Iglesia está llamada a ser como María? Piensa en algunos ejemplos específicos de cómo la Iglesia del siglo XXI, en América Latina y Norte América, necesita imitar a María.

5. Lee el Cantar de los Cantares y el Libro de Tobit. ¿Cómo celebran y al mismo tiempo elevan estos libros la belleza del amor romántico? ¿Cómo transforman nuestra comprensión de la sexualidad?

Aplicación práctica

Antes de ir a Misa esta semana, prepara tu corazón pidiendo al Señor que te permita entender mejor la alianza nupcial que Cristo renueva con su Novia, en esta celebración. Durante la Misa, abre tu corazón para recibir el amor personal e incondicional de Cristo.

Versículo para memorizar

"Yo te desposaré para siempre, te desposaré en la justicia y el derecho, en el amor y la misericordia; te desposaré en la fidelidad, y tú conocerás al Señor."

—Oseas 2,21-22

CAPÍTULO SIETE

Viviendo el Misterio

Como vimos en el capítulo precedente, el matrimonio ha sido un sacramente "desde el principio"—un signo visible del misterio invisible del amor nupcial de Dios por su pueblo. Pero, al igual que todo en la vida humana, también el matrimonio fue herido por el pecado. En Cristo en cambio, el amor matrimonial ha sido sanado y ha recibido un nuevo significado. Cristo no sólo sanó el desorden que el pecado causó en el matrimonio sino que unió el *eros* de la atracción de los sexos al *ethos* del amor sacrificial con el cual se entregó por nosotros en la cruz. En Cristo, el matrimonio es transformado por la gracia y hace presente en el mundo la unión carnal misma de Cristo con la Iglesia.

La cuestión que exploraremos ahora es el cómo los esposos, de manera práctica, pueden vivir su matrimonio haciendo presente entre ellos, e irradiando, el inagotable misterio del amor divino.

Una reflexión sobre el amor divino

Veamos ahora el pasaje bíblico completo en el cual el Papa basa esta sección de sus enseñanzas.

"Sométanse los unos a los otros, por consideración a Cristo. Las mujeres deben respetar a su marido como al Señor, porque el varón es la cabeza de la mujer, como Cristo es la Cabeza y el Salvador de la Iglesia, que es su Cuerpo. Así como la Iglesia está sometida a Cristo, de la misma manera las mujeres deben respetar en todo a su marido. Maridos, amen a su esposa, como Cristo amó a la Iglesia y se entregó por ella, para santificarla. El la purificó con el bautismo del agua y la palabra, porque quiso para sí una Iglesia resplandeciente, sin mancha ni arruga y sin ningún defecto, sino santa e inmaculada. Del mismo modo, los maridos deben amar a su mujer como a su propio cuerpo. El que ama a su esposa se ama a sí mismo. Nadie menosprecia a su propio cuerpo, sino que lo alimenta y lo cuida. Así hace Cristo por la Iglesia, por nosotros, que somos los miembros de su Cuerpo. Por eso, el hombre dejará a su padre y a su madre para unirse a su mujer, y los dos serán una sola carne. Este es un gran misterio: y yo digo que se refiere a Cristo y a la Iglesia. En cuanto a ustedes, cada uno debe amar a su mujer como así mismo, y la esposa debe respetar a su marido."

—Efesios 5,21-33

Si existe algún pasaje que hace que la gente ponga mala cara cuando lo oyen en la Iglesia, ¡es éste! Especialmente las mujeres pueden irritarse al oír el mandato de "estar sometidas a sus maridos, como al Señor".

El Papa nos da sin embargo una auténtica interpretación de este texto, mostrando su profundidad al tiempo que lo libera de las distorsiones creadas por la historia de relaciones desordenadas entre los sexos, especialmente por la opresión de los varones sobre las mujeres o "machismo". De hecho, cuando se lee correctamente, este pasaje presenta una visión de relaciones conyugales que invierte totalmente el modelo de dominio y sumisión causado por el pecado (ver Génesis 3,16). En su lugar, ofrece un reto que es tan exigente para los hombres como para las mujeres—o incluso más.

El **gran misterio** se refiere aquí a la unión de Cristo y la Iglesia, que se refleja y hace presente en el amor entre esposos y esposas cristianos. Pablo usa la palabra griega *ágape* para referirse a este amor de entrega. El amor recíproco de los esposos cristianos crea una comunión de personas que se entregan mutuamente sus vidas. De este modo no solamente imitan, sino que son *partícipes en* el misterio de la redención de Cristo.

"Sed sumisos los unos a los otros"

Como lo resalta Juan Pablo II, la clave para interpretar correctamente Efesios 5,21-33, es leerlo a la luz de su versículo introductorio: Sed sumisos, o "Sométanse los unos a los otros, por consideración a Cristo." La **sumisión mutua** de marido y mujer es el fundamento para toda su relación. En el amor hay un "ceder" o mutua deferencia por el cual cada uno pone el bienestar del otro por encima del suyo propio. Pablo lo describe en otro pasaje:

" … Tengan un mismo amor, un mismo corazón, un mismo pensamiento. No hagan nada por espíritu de discordia o de vanidad, y que la humildad los lleve a estimar a los otros como superiores a ustedes mismos. Que cada uno busque no solamente su propio interés, sino también el de los demás.

—FILIPENSES 2,2-4

La motivación para esta sumisión mutua es "venerar a Cristo"—eso es, admirar el misterio mismo del amor de Cristo, que penetra en el corazón de la persona.

Así que al añadir el siguiente versículo, "mujeres someteos a vuestros maridos, como al Señor," Pablo, de ninguna manera está pidiendo a la mujer que se convierta en algo menos que una esterilla. No está diciendo a las mujeres que renuncien a sus propios deseos u opiniones, para servir y agradar a sus maridos. Por el contrario,

"El amor excluye todo género de sumisión, en virtud de la cual la mujer se convertiría en sierva o esclava del marido, objeto de sumisión unilateral. El amor ciertamente hace que simultáneamente también el *marido esté sujeto* a la mujer, y *sometido en esto al Señor mismo,* igual que la mujer al marido."[30]

La instrucción correspondiente para los hombres es: "Maridos, amad a vuestras esposas, como Cristo amó a su Iglesia." Ahora bien, ¿cómo amó Cristo a la Iglesia? Literalmente, "hasta el extremo" (Juan 13,1), entregando su vida por ella en la cruz. Que un marido ame a su mujer de esa manera le supone la total afirmación o aceptación de ella como persona y la constante decisión de dar hasta la última gota de su vida por ella.

Pablo no podía haber puesto una meta más alta. ¿Cómo podría un marido cualquiera de la tierra llegar a conseguirlo? Solamente reconociendo la entrega de Cristo en la cruz, no solamente como un modelo a imitar, sino como una realidad de la cual puede recibir vida y fortaleza.

En el intercambio de amor el marido y la esposa son iguales, sin embargo sus papeles no son idénticos. Pablo habla del marido como "cabeza de su mujer, como Cristo es la Cabeza de la Iglesia." ¿En que consiste este liderazgo? El Papa lo describe así:

> "El marido es sobre todo, *el que ama* y la mujer, en cambio, la que es amada. Se podría incluso arriesgar la idea de que la «sumisión» de la mujer al marido, entendida en el contexto de todo el pasaje (5,22-23) de la Carta a los Efesios, significaba, sobre todo, «experimentar el amor».

> En otras palabras, el marido toma la iniciativa en el auto-vaciarse por amor. La esposa recibe y responde a su don. Así, "el amor no solo une a dos sujetos, sino que les permite compenetrarse mutuamente, perteneciendo espiritualmente el uno al otro."[31]

Esto no significa que las diferencias entre ellos desaparezcan. Ellos se someten el uno al otro *como* hombres y *como* mujeres, con toda su unicidad personal y corporal.

Innovación en Cristo

El Papa amplia esta interpretación de Efesios 5 en su carta apostólica *Sobre la Dignidad y Vocación de la Mujer*.[32] Si bien, como lo subraya el papa, las expresiones de Pablo están enraizadas en las costumbres de su tiempo, la idea de una "sumisión mutua" fue un aporte revolucionaria—que aún hoy tiene implicaciones para las relaciones entre los hombres y las mujeres.

> "En relación a lo "antiguo", esto es evidentemente "nuevo": es la novedad evangélica.... La «novedad» de Cristo es un hecho; constituye el inequívoco contenido del mensaje evangélico y es fruto de la redención. Pero al mismo tiempo, la convicción de

que en el matrimonio se da la «recíproca sumisión de los esposos en el temor de Cristo» y no solamente la «sumisión» de la mujer al marido, ha de abrirse camino gradualmente en los corazones, en las conciencias, en el comportamiento, en las costumbres. Se trata de una llamada que, desde entonces, no cesa de apremiar a *las generaciones que se han ido sucediendo,* una llamada que los hombres deben acoger siempre de nuevo. El Apóstol escribió no solamente que: «En Jesucristo (…) no hay ya hombre ni mujer», sino también «no hay esclavo ni libre». Y sin embargo ¡cuántas generaciones han sido necesarias para que, en la historia de la humanidad, este principio se llevara a la práctica con la abolición de la esclavitud! Y ¿qué decir de tantas formas de esclavitud a las que están sometidos hombres y pueblos, y que todavía no han desaparecido de la escena de la historia?

Pero *el desafío del «ethos» de la redención* es claro y definitivo. Todas las razones en favor de la «sumisión» de la mujer al hombre en el matrimonio se deben interpretar en el sentido de una sumisión recíproca de ambos en el «temor de Cristo». La medida de un verdadero amor esponsal encuentra su fuente más profunda en Cristo, que es el Esposo de la Iglesia, su Esposa."[33]

Mientras que las enseñanzas anteriores de la Iglesia no resaltaban esta autoridad compartida por el marido y la mujer, Juan Pablo II lo ve como un **desarrollo de la doctrina**—esto es, como un aspecto de la revelación que ahora, por gracia del Espíritu Santo, está siendo mejor comprendido que en tiempos pasados. El concepto de la sumisión mutua no contradice enseñanzas anteriores en las que se afirmaba que las mujeres necesitan someterse a sus maridos; más bien las elabora (de acuerdo con las Escrituras) añadiendo que los maridos también necesita someterse a sus mujeres.

Esta comprensión de la persona humana hunde sus raíces en revelación sobre la Santísima Trinidad. Así como entre las Personas divinas hay un propósito de amor que les mueve, así también los matrimonios son llamados a crecer en amor, comprensión y mutua condescendencia, de forma que ellos comparten una voluntad común.

La verdad dicha en el lenguaje del cuerpo

En la comprensión occidental del matrimonio cristiano, los esposos son como tales los ministros del sacramento, en la celebración de su matrimonio. Sus palabras de consentimiento—"Te tomo o recibo como mi esposa," "Te tomo o recibo como mi esposo"—crean el matrimonio. El sacerdote es ahí meramente un testigo cualificado.[34] El matrimonio se hace indisoluble cuando es consumado en la unión sexual, en la que la pareja ejerce su total entrega en el **lenguaje del cuerpo** y se convierten plena y verdaderamente en una sola carne (ver Génesis 2,24; Efesios 5,31).

El "**lenguaje del cuerpo**" es el término que el Papa usa para referirse a la habilidad del cuerpo de expresar la auto-entrega de uno mismo por amor. No se refiere por tanto simplemente a "hablar con el cuerpo", es decir, a expresar con gestos o posturas corporales sentimientos como "soy tímida", o "estoy furiosa contigo." El Papa apunta más bien al hecho que el cuerpo es capaz de expresar y representar las verdades más profundas del corazón. El cuerpo también es capaz de hablar mintiendo. Piénsese por ejemplo, en la sonrisa de un empleado que en realidad está pensando en cómo minar la posición de un compañero de trabajo.

Al igual que la unión entre Dios y su pueblo, la unión entre marido y mujer es un hecho objetivo expresado en el lenguaje del cuerpo, que tiene entonces que ser vivido en todas sus interacciones diarias. Cuando Dios hizo una alianza con el pueblo de Israel, ellos le juraron fidelidad sobre sus propias vidas (ver Éxodo 24,7-8). De la misma manera, un hombre y una mujer que elijen casarse quedan unidos, tanto en su libre consentimiento como en su unión sexual. Ellos se juran fidelidad; se prometen estar abiertos a la procreación; ellos comprometen todo su ser. Haciéndolo crean un vínculo de alianza inquebrantable. En su unión sexual sus cuerpos expresan la verdad de esta alianza, haciendo eco de las palabras del desposorios de Dios con Israel y de las palabras de amor que con su cuerpo Cristo pronunció a su esposa, desde la cruz.

Una vez sellada la alianza, la pareja está continuamente llamada a personalizarla, para hacerla suya a través de los miles de gestos de amor que les serán únicos a ellos como pareja.[35] Si la verdad de este pacto es afirmada consistentemente a través de su amor y sumisión mutua, de la cual el lenguaje del cuerpo es expresión, entonces el pacto se profundizará y se fortalecerá. Pero, si el lenguaje de sus cuerpos no corresponde a la verdad que debe expresar, entonces reinará entre ellos la concupiscencia, y se reducirán el uno al otro a objetos de auto gratificación, en vez de ser personas dignas de amor.

¿Cómo aplico esto a mi matrimonio?

La experiencia de haber aconsejado a cientos de novios y matrimonios le enseñó al papa que existen tantas formas de vivir la mutua sumisión o entrega, como hay parejas. Todos los buenos matrimonios tienen su versión de lo que es la mutua sumisión. Si marido y mujer se comunican con sinceridad y se aman mutuamente, tendrán necesariamente diferencias.

Veamos el caso de un matrimonio que asume las responsabilidades de un hogar.

Lo más probable es que tendrán que delegarse tareas, el uno al otro, basados en el temperamento y respectivos talentos. La forma en que se dividirán las tareas dependerá también en cada pareja de sus culturas o costumbres familiares aprendidas en su infancia.

Algunas tareas son demasiado importantes para ser delegados—por ejemplo, la educación de los hijos. En algunos temas es probable que la pareja esté en desacuerdo. En estos casos necesitarán comunicarse, orar, escucharse (¡de ambos lados!) y tomar una decisión que satisfaga a los dos. A veces esto requerirá que uno de ellos ceda ante el otro. Pero si el amor es mutuo, no siempre será la misma persona la que ceda.

Sin lugar a dudas la propuesta de Efesios 5 es un gran reto que confronta las tendencias egoístas profundamente enraizadas de nuestra naturaleza caída. Todos conocemos matrimonios donde "los dos se reducen a uno"—y ¡entonces se pasan la vida luchando por cual es el dominante! En otros matrimonios el desequilibrio a largo plazo en la "sumisión" de uno bajo el otro puede llevar a un lento y velado resentimiento. En otros en cambio, la tentación es retirarse emocionalmente y estar resignados a una coexistencia lejana pero educada, para evitar confrontaciones dolorosas.

Estos retos son sin embargo las realidades que hacen del matrimonio un poderoso canal de gracia, para aquellos que están abiertos a ella. A través de sus conflictos e incomprensiones, los esposos pueden llegar a reconocer su incapacidad para amar como lo hace Dios y su desesperada necesidad de la gracia redentora de Cristo. Sólo cuando sus debilidades les lleven a Cristo en humilde oración los esposos pueden comenzar a experimentar su cruz como una fuerza que está obrando en sus vidas. El Espíritu Santo entontes les da la gracia de hacer lo que no pueden hacer por ellos mismos; el volverse el uno hacia el otro, una y otra vez, para pedirse y otorgarse perdón sinceramente, y de este modo superar gradualmente las asperezas que hayan podido crearse entre ellos. ¡La cruz del matrimonio es su gloria!

Pero, ¿qué pasa con los matrimonios donde sólo uno de los esposos parece estar interesado en esforzarse por vivir según la voluntad original de Dios? En estos casos, el amor de Cristo y la gracia poderosa del sacramento también están disponibles. Si una mujer, por ejemplo, persevera en diferir cariñosamente de su marido, mientras afirma tanto su dignidad como la de él, puede de pronto comenzar a descubrir su propia necesidad de ser purificada del hábito de juzgar o creer que siempre tiene la razón. Y paralelamente puede igualmente suceder que un día descubra con sorpresa que también su marido se ha suavizado.

O si un marido es por ejemplo el que toma la iniciativa de ser un servidor, mostrando reconocimiento por su mujer a través de gestos diarios de ternura y respeto, empezará a ser liberado gradualmente de sus propias tendencias a centrarse en sí mismo, a la vez que encontrará a su esposa más abierta y receptiva a su amor. Incluso en las difíciles circunstancias donde el matrimonio falló, los que se vuelven a Cristo podrán experimentar la sanación de sus heridas y el consuelo del amor divino que es el único que puede satisfacer las necesidades más profundas del corazón.

Dios llama continuamente a los esposos, a través de la gracia del sacramento, a crecer en amor y fidelidad. Ellos necesitan paciencia, ya que ningún matrimonio será perfecto mientras estemos de este lado de la eternidad. Incluso pasos muy pequeños de parte de uno de los esposos complacen a Dios y darán fruto a largo plazo. El lenguaje del cuerpo madura a lo largo de la vida, a través de un creciente proceso de afirmación mutua y del reconocimiento del rostro de Dios presente en cada uno (ver Tesalonicenses 4,3-7).

Como observa el *Catecismo* (n° 1613), la Iglesia siempre ha visto en la presencia de Cristo en las bodas de Caná una señal con la cual Él confirmó la bondad del matrimonio y proclamó que de ahí en adelante, el amor de los esposos sería un signo poderoso de su presencia. Por eso algunas parejas optan por citar, en sus tarjetas de invitación o en el programa de la celebración de la boda, el texto de las bodas de Caná donde se dice: "Jesús también fue invitado a la boda" (Juan 2,2). Aquellos que invitan a Jesús a su boda, desde el momento de sus preparativos, y a lo largo de los años de matrimonio, encontran la gracia que necesitan para madurar y experimentar el misterio del amor de Cristo revelado a través de sus cuerpos.

La idea de la sumisión mutua es parte de lo que es "nuevo" en el matrimonio cristiano, pero también es algo muy antiguo. Formaba parte del plan como Dios quería, desde los orígenes, que los hombres y las mujeres (y toda la humanidad) se relacionasen—sin el antagonismo creado por el dominio y el sometimiento. La restauración de este plan en el matrimonio cristiano es un signo sacramental de la nueva creación, un signo de esperanza para la humanidad entera.

El mundo necesita ver que el amor es real y que el Dios Trino es su autor. Dios llama a todos los cristianos—casados, solteros y célibes—a vivir en ese amor y a dar testimonio de él.

La Sagrada Familia es ejemplo de la comunión amorosa y la sumisión mutua a la que todos los esposos cristianos están llamados.

Herramientas de estudio

Textos de la Sagrada Escritura

Génesis 2,21-15
El libro de Tobit
Efesios 5,21-33

Doctrina de la Iglesia

"¿De dónde voy a sacar la fuerza para describir de manera satisfactoria la dicha del matrimonio que celebra la Iglesia, que confirma la ofrenda, que sella la bendición? Los ángeles lo proclaman, el Padre celestial lo ratifica…¡Qué matrimonio el de dos cristianos, unidos por una sola esperanza, un solo deseo, una sola disciplina, el mismo servicio! Los dos hijos de un mismo Padre, servidores de un mismo Señor; nada los separa, ni en el espíritu ni en la carne; al contrario, son verdaderamente dos en una sola carne. Donde la carne es una, también es uno el espíritu." (Tertuliano, CIC n° 1642)

Audiencias Generales de Juan Pablo II

1 de Diciembre 1982, a 4 de Julio 1984. Se sugiere leer igualmente la carta apostólica del Papa Juan Pablo II, *Sobre la Dignidad y Vocación de la Mujer* (*Mulieris Dignitatem*, 1988).

Conceptos Claves

Desarrollo de la doctrina: una progresiva y más profunda comprensión de la divina revelación que ha sido confiada a la Iglesia en la Escritura y la Tradición.

Gran Misterio: La alianza nupcial entre Cristo y la Iglesia, reflejada en la relación de los esposos cristianos.

Lenguaje del cuerpo: la forma en que una persona "habla" a través de los gestos y las acciones de su cuerpo, y con lo cual puede comunicar ya sean verdades o mentiras. Esta comunicación es más profunda que el simple "hablar con el cuerpo" es decir, que expresar con gestos o posturas corporales sentimientos psicológicos.

Sumisión mutua: El mutuo reconocimiento y concesión de autoridad que el esposo hace a la esposa y viceversa, movidos por el amor y el ejemplo de Cristo.

Pregunta para Reflexión y Discusión

1. ¿Piensa en algunos ejemplos como una persona puede expresar verdades o mentiras a través de su cuerpo?
2. En ambiente de oración reflexiona sobre Efesios 5,21-33. ¿Qué visión del amor de Cristo por nosotros te da este pasaje?
3. Si estás casado(a), ¿En qué forma este pasaje te reta? Considera el tema de la "sumisión mutua," y pregúntate:¿Qué cambios concretos debo hacer en mi relación matrimonial para vivir lo que el Señor me pide a través de este tema?
4. Si estás soltero(a), ¿Qué implicaciones tiene la enseñanza sobre la sumisión mutua para tus relaciones en familia, el trabajo y en otros lugares? ¿En qué formas específicas te sientes llamado(a) a mostrar el amor de Cristo hacia aquellos que te rodean?

5. Lee la oración de Tobías y Sara (Ver Tobías 8,5-8). ¿Qué te dice este pasaje sobre la conexión entre el amor de Dios y el matrimonio humano?

6. Si estás casado, soltero, divorciado o viudo, ¿Qué pasos puedes dar para abrirte más plenamente al amor de Cristo y permitirle que te llene en tus necesidades más profundas?

Aplicaciones Prácticas

Si estás casado, busca una forma específica en la que puedas liberarte de ti mismo y someterte a tu esposa/o en amor, cada día—incluso si el o ella no se somete a ti. Si estás soltero, busca una forma específica en la que puedes ponerte diariamente, por amor, al servicio de las necesidades de otra persona—aún cuando no te apetezca.

Versículo para memorizar

"Sométanse los unos a los otros, por consideración a Cristo"

—EFESIOS 5,21

Capítulo Ocho

El Amor Es Fecundo

Si has seguido hasta aquí la teología del cuerpo con entusiasmo, puede ser que en este momento te encuentres con un obstáculo. Como bien se sabe, sólo una pequeña minoría de matrimonios católicos aceptan y siguen las enseñanzas de la Iglesia sobre la apertura a la vida y la prohibición del uso de los anticonceptivos. Mucha gente piensa francamente, ¿por qué sigue la Iglesia insistiendo sobre esta práctica moral que casi nadie la cumple? ¿No se corre así el riesgo de alejar del amor de Dios a las personas mismas que quiere atraer?

Sin embargo, para Juan Pablo II, es precisamente en este punto donde la teología del cuerpo llega a su culmen. Todo lo que ha dicho hasta ahora apunta al significado vital del vínculo entre la unión de los esposos y la generación de una vida nueva. Esta **conexión inseparable** es, literalmente, el núcleo de la teología del cuerpo; Es aquí donde lo horizontal (el amor humano del matrimonio) se encuentra con lo vertical (el poder creativo de Dios).

La teología del cuerpo nos ayuda a reconocer que esta conexión no es accidental, sino que está en el corazón del gran plan de Dios, gracias al cual los seres humanos son imágenes de la Santísima Trinidad. La unión carnal entre marido y mujer se "encarna" en un niño concebido y aceptado amorosamente, en una manera tal que refleja la forma como el Espíritu Santo procede eternamente de la comunión entre el Padre y el Hijo.[36]

Para poder explorar la enseñanza del Papa en este tema, con mentes abiertas y sinceras, es preciso que demos una breve mirada a las circunstancias que nos han llevado a la situación actual.

Humanae vitae: respuesta a una crisis

Hasta hace unas generaciones la enseñanza unánime de todas las Iglesias cristianas—Católica, Protestante y Ortodoxa—era que la contracepción era moralmente mala. Solamente en el siglo veinte este consenso empezó a resquebrajarse, debido a factores tales como el miedo a la superpoblación, la invención de métodos más fiables de control de la natalidad y a los cambios en el papel económico y social de las mujeres. Debido a estos desarrollos y a un intenso apoyo publicitario (especialmente por parte de Margaret Sanger, la fundadora de Planificación Familiar) la Iglesia Anglicana fue la primera que en 1930 invirtió su posición. Pronto, otras denominaciones cristianas importantes le siguieron. La Iglesia Católica, en cambio, reafirmó su doctrina tradicional en la encíclica *Casti connubii*, promulgada por el Papa Pio XI en 1930.

Una nueva crisis surgió en los años 60, debida al descubrimiento de la píldora para el control de la natalidad. Algunos médicos y teólogos católicos empezaron a opinar que la píldora era "natural" y que debería por tanto ser aprobada. Muchos apoyaban una revisión de la doctrina de la Iglesia. Esta presión coincidió con la revolución sexual y con el ambiente de cambios que se dio después del Concilio Vaticano II, y que hizo a muchos suponer que la Iglesia cambiaría pronto su enseñanza sobre este punto.

Pero en esto, como en otros temas, el sucesor de Pedro se mantuvo como una roca, tal y como Jesús le pidió que fuera (ver Mateo 16-18). En 1968 el Papa Pablo VI sorprendió a los observadores en todo el mundo al publicar la encíclica *Humanae Vitae* ("Sobre la Vida Humana"), en la que reiteraba la prohibición de la Iglesia de todas las formas de contracepción.[37] La encíclica causó un debate fogoso y un abierto disentimiento. Muchos laicos católicos se desanimaron por la controversia y se fueron. Muchos sacerdotes y catequistas dejaron de predicar y enseñar sobre la moral sexual. Justo en el momento en que la revolución sexual explotó a través de todo el mundo occidental, la Iglesia parecía que perdía su voz sobre este tema. El resultado ha sido dos generaciones de confusión respecto de las enseñanzas de la Iglesia sobre la moral sexual, especialmente entre los jóvenes.

En la cultura más amplia, dado que el sexo dejó de verse como intrínsecamente orientado hacia la transmisión de la vida, no es una sorpresa que se originara una nueva desintegración. La mentalidad contraceptiva forjó un camino directo a la idea de que el sexo es para el placer, lo cual condujo a su vez a la aceptación pública de la cohabitación, la promiscuidad, la homosexualidad, la pornografía y varias otras perversiones que se vieron como expresiones normales de la sexualidad humana—desarrollos que observadores agudos ya habían previsto muchos años antes. Todo esto favoreció a su vez el camino para el aborto, un paso más en el camino que separó el sexo de sus consecuencias naturales.

La revolución sexual ha dejado a su paso una sociedad fragmentada, caracterizada por una profunda desorientación sobre la identidad personal y el propio significado de la vida. Los niños nacidos en esta sociedad, incluso aquellos que son amados por sus padres, no pueden evitar estar afectados por la mentalidad culturalmente arraigada de que la fertilidad es más una enfermedad que un don y que los niños son más una carga que una bendición.

Una respuesta profética

Incluso antes de que fuera cardenal en Polonia, Karol Wojtyla estuvo en la primera línea de quienes luchaban por proveer nuevos y más profundos cimientos para las enseñanzas de la Iglesia sobre la moral sexual. Su libro *Amor y responsabilidad*, escrito en 1960, enfocó el tema del sexo y el matrimonio desde un ángulo nuevo y único. Él fue miembro de la comisión papal sobre el control de la natalidad, establecido por Pablo VI, si bien no pudo participar en las reuniones finales del grupo porque las autoridades comunistas en Polonia se lo impidieron.

Cuando Wojtyla fue Papa reconoció con intuición profética que una de sus prioridades debía ser profundizar en los fundamentos bíblicos y filosóficos de la doctrina de *Humanae vitae*. Así fue como surgió la teología del cuerpo, que no solamente provee una nueva comprensión de la persona y la ley natural, sino que revela las raíces profundamente bíblicas de la ética sexual de la Iglesia. En su última serie de charlas sobre la teología del cuerpo, el Papa se centra en el corazón de las enseñanzas de *Humanae vitae*.

"La Iglesia… enseña que cualquier acto matrimonial debe quedar abierto a la transmisión de la vida…. Esta doctrina, muchas veces expuesta por el Magisterio, está fundada sobre la inseparable conexión que Dios ha querido y que el hombre no puede romper por propia iniciativa, entre los dos significados del acto conyugal: el significado unitivo y el significado pro-creador."[38]

El Vaticano II también ha enseñado la conexión inseparable entre estos dos significados del abrazo marital—la procreación y la mayor unión de la pareja:

"La Iglesia no se cansa de recordar que no puede haber una contradicción real entre las leyes divinas de la transmisión de la vida y los procedimientos para conservar el auténtico amor conyugal."[39]

La lógica interna de esta "conexión inseparable" empieza a ser clara cuando se comprende bajo la luz de la teología del cuerpo. En la alianza marital, que se actualiza en la unión sexual, marido y mujer se entregan totalmente como personas, a través de sus cuerpos. Este don incluye su respectiva masculinidad y feminidad y la paternidad y maternidad potencialmente intrínseca en ellas. Como el Papa indica, "el cuerpo humano habla con un lenguaje del que no es el autor."[40]

Unirse a otra persona en unión sexual es decir, en el lenguaje del cuerpo, "me entrego a ti totalmente." Cualquier intento deliberado de esterilizar el acto sexual, ya sea a través de anticonceptivos, de la esterilización u otros medios, falsifica el lenguaje del cuerpo. La sexualidad es para hablar de entrega total, no para *retener* parte de uno mismo—su fertilidad—o para rechazar la fertilidad del otro. En consecuencia, en un contexto anticonceptivo, el don de sí mismo ni se da ni se recibe en su integridad, y los esposos—a pesar de sus mejores intenciones—se tratan como objetos más que como personas. En este contexto, el lenguaje del cuerpo no se expresa de verdad.

Un nuevo acto de creación

La escritura une explícitamente el "conocimiento" obtenido en la unión nupcial con la paternidad potencial: "El hombre conoció a Eva, su mujer, y ella concibió y dio a luz a Caín. Entonces dijo: «He procreado un varón, con la ayuda del Señor»" (Génesis 4,1). La Biblia También alude a la divina presencia misteriosa que ocurre en cada acto fértil de la unión sexual: "Elcaná conoció a su esposa Ana, y el Señor se acordó de ella. Ana concibió, y a su debido tiempo dio a luz un hijo, al que puso el nombre de Samuel" (1 Samuel 1,19-20). En cada concepción de una vida humana, Dios ejecuta un nuevo acto de creación: Una nueva *persona* llega a existir, una nueva cara reflejará la imagen de Dios en el mundo de una manera en que nunca había sido reflejada antes.

Rechazar esta acción divina misteriosa es cerrarle a Dios la puerta en la cara y excluirle del gran misterio que busca mostrar su imagen al mundo. Más aún, dado que el matrimonio es el sacramento primordial, la clave simbólica en la que Dios revela su amor nupcial para con su pueblo, falsificar el lenguaje del cuerpo es contradecir el signo sacramental. Es proclamar—aún sin que sea esa la intención—que el amor nupcial de Dios *no* es total *ni* da vida.

Como observa el Papa, la "conexión inseparable" entre sexo y procreación no es algo exclusivo para las personas de fe. Es parte de la **ley natural**, esto es, de la capacidad de discernir el bien del mal que Dios ha inscrito en la conciencia de toda persona. La razón humana puede descubrir la ley natural, siempre y cuando la razón no esté nublada por la cultura. Y de acuerdo con la ley natural, como cada sociedad hasta tiempos recientes lo ha reconocido virtualmente, algo anda mal cuando el sexo está deliberadamente separado de su capacidad potencial de transmitir la vida. El dirigente hindú Mahatma Gandhi por ejemplo escribió:

"[Los métodos anticonceptivos son] como poner un premio al vicio. Hacen a los hombres y mujeres atrevidos… Ya, el hombre ha degradado suficientemente a la mujer para su lujuria, y [la anticoncepción], no importa el buen propósito que tenga, la seguirá degradando más."[41]

Un principio básico de la ley natural es que las cosas prosperan si son tratadas de acuerdo con su naturaleza. Esto es cierto para un lector de CDs, un rosal, un caballo de carreras—o para la sexualidad humana. Todos pueden reconocer la verdad de este principio. Sin embargo se necesita fe para captar plenamente la insondable bondad de la capacidad de dar vida en el amor, con la cual Dios nos diseñó.

Cuanto más se conoce a Dios como un Padre amoroso, cuyo corazón se desborda de amor por nosotros y cuyo plan es para nuestro *florecimiento*, más podemos confiar en que hay una buena razón, incluso para aquellas leyes que parecen no tener un sentido inmediato. Esta confianza en nuestro Creador tiene que estar en los cimientos de cada intento de discernir el bien del mal, especialmente en aquellas "enseñanzas difíciles" de la Iglesia tan contrarias al núcleo del pensamiento contemporáneo.

Planificación familiar natural: ¿Cual es la diferencia?

Para aquellos que buscan sinceramente formar sus conciencias de con las enseñanzas de la Iglesia, la pregunta surge naturalmente: si la contracepción es ilícita moralmente, ¿Por qué permite la Iglesia la regulación de la natalidad a través de la **planificación familiar natural (PFN)**? ¿No es esto una forma distinta de hacer la misma cosa?

Como sus predecesores, también Juan Pablo II hace hincapié en que hay una diferencia moral clara entre contracepción y PFN. PFN percibe la fertilidad como una cosa buena e integral de la persona, y no como una enfermedad que debe ser suprimida. Una pareja que, por buenas razones, se abstiene de relaciones durante los periodos fértiles de la esposa, no falsifica el lenguaje del cuerpo rechazando deliberadamente su paternidad y maternidad potenciales. Ellos, o expresan la verdad a través de la unión sexual, o encuentra medios no sexuales para expresar su amor mutuo. El lenguaje del cuerpo solamente se habla con la verdad.

Por otro lado, una pareja que usa anticonceptivos viola la conexión intrínseca entre el amor y el don de la vida que Dios ha inscrito en sus cuerpos. De este modo ellos "actúan como 'árbitros' del plan divino y 'manipulan' y degradan la sexualidad humana… al alterar su valor de entrega 'total'."[42] En el lenguaje del cuerpo, la diferencia entre PFN y contracepción es la diferencia entre abstenerse de hablar por un tiempo o mentir.

Como la filósofa Janet Smith ha observado, algunas parejas se resisten a la PFN porque se dan cuenta de que requeriría un cambio considerable en su estilo de vida. Pero el mero hecho de que haya una diferencia tan grande en el estilo de vida es un indicio más de que también hay una diferencia moral significativa.[43] La práctica de la abstinencia periódica forma el carácter de la pareja, aumenta su respeto mutuo como personas, fortalece su amor alentándoles a una mayor comunicación y a la búsqueda de formas de intimidad no genital y les ayuda así a crecer en castidad.

En otras palabras, bien comprendida y usada, la PFN no es sólo otro método de 'control de la natalidad'. Es una práctica que edifica la virtud y permite un amor más profundo y auténtico. Al pedir autocontrol, fortalece, al mismo tiempo que reta a la pareja a confiar en la gracia de Dios y así vivir más plenamente "la vida en el Espíritu".

A pesar de las percepciones populares, la prohibición de los contraceptivos por parte de la Iglesia no pretende que todos los católicos tengan tantos hijos como para hacer un equipo de fútbol.[44] Haciéndonos eco del Vaticano II, Juan Pablo II anima a los casados a que ejerciten "la paternidad responsable" discerniendo juntos cuidadosamente el número de hijos y el espacio que debe haber entre cada uno, "mirando no solo su propio bien sino al bien de los hijos nacidos o posibles" así como "las condiciones materias y espirituales de su momento."[45]

¿Qué pasa con las técnicas reproductivas?

La teología del cuerpo también tiene implicaciones en otros aspectos de la castidad matrimonial, que el Papa abordó posteriormente en su encíclica *El Evangelio de la Vida*. Por ejemplo, muchas terapias reproductivas asistidas, tal como la inseminación artificial o fertilización *in Vitro* (y sus nuevas variantes), rompen también la "conexión inseparable" entre el significado unitivo y procreativo del matrimonio. La contracepción apunta hacia sexo sin bebés; estas **tecnologías reproductivas** apuntan hacia producir bebés sin sexo.

El don corporal recíproco del marido y mujer es el contexto querido por Dios para que la pareja reciba el don de un hijo, y es la única forma de generar vida que preserva la dignidad humana. "Producir" niños a través de un proceso de laboratorio rebaja el significado y belleza de la sexualidad humana y ofende la dignidad de los niños concebidos de esta manera. Contribuye a una visión de niños como objetos que se pueden adquirir o descartar a voluntad, más que como personas que se reciben como un don. Aunque las intenciones de la pareja sean buenas, el uso de tecnologías reproductivas contribuye a la mentalidad utilitaria que está en el corazón de la cultura de la muerte.

La Iglesia no se opone a intervenciones médicas que buscan asistir a una unión sexual normal para llegar a la fertilización como lo son ciertas medicinas terapéuticas. Tampoco se opone a procesos médicos cuya meta es sanar condiciones médicas que contribuyen a la infertilidad, tal como el enfoque en la Tecnología NaPro desarrollada por el Instituto Papa Pablo VI para la Reproducción Humana.[46] De hecho, la Iglesia recomienda ampliamente estos nuevos desarrollos, que están consiguiendo cada vez más éxito. La Iglesia se opone a aquellos métodos que sustituye el acto sexual matrimonial, en vez de ayudar a conseguir su finalidad natural.

La infertilidad puede ser una profunda forma de sufrimiento para las parejas que lo padecen. Llama a la compasión, comprensión y apoyo de los otros miembros del cuerpo de Cristo. Parte de este apoyo incluye decir la verdad con amor. Los niños son un don de Dios, no un derecho que deba buscarse por todos los medios. El sufrimiento soportado con amor puede ser un instrumento poderoso que lleva a fructificar de otras maneras: por ejemplo, educando a niños adoptados o ayudando a otros que están sufriendo.

El propósito de las enseñanzas de la Iglesia sobre la moralidad sexual no es sobrecargar a las parejas con requisitos legales sino liberarlas. A través de sus enseñanzas, el Papa Juan Pablo II insiste en que la libertad viene a través de la verdad. Sólo la verdad plena sobre la persona humana, sobre el matrimonio, sobre el amor y el don de la fertilidad ofrece la felicidad que viene a través de la libertad.

El Padre, Hijo y Espíritu Santo nos crearon para compartir su vida y amor, para aprender a hacer de nosotros mismos un don sincero de sí, en y a través de nuestras relaciones con los otros. Aprender a hacer esto en un trabajo que dura toda una vida, y sólo es posible a través de la gracia y misericordia de Dios. Abandonándonos a esta obra de Dios en nosotros, en nuestros matrimonios y en nuestras familias se proclaman buenas noticias al mundo y se edifica una cultura de la vida.

"El que recibe a uno de estos pequeños en mi Nombre, me recibe a mí, y el que me recibe, no es a mí al que recibe, sino a aquel que me ha enviado."

—MARCOS 9,37

Jesús se indignó y les dijo: "Dejen que los niños vengan a Mí; no se lo impidan, porque de los que son como éstos es el reino de Dios." (Marcos 10,14)

Herramientas de estudio

Textos de la Sagrada Escrituras

Génesis 1:26-28; 2,21-25; 4,1
Malaquías 2,14-16

Doctrina de la Iglesia

"Los hijos son, ciertamente, el don más excelente del matrimonio y contribuyen mucho al bien de sus mismos padres… [El mismo Dios]… queriendo comunicarle cierta participación especial en su propia obra creadora, bendijo al varón y a la mujer diciendo: "Creced y multiplicaos" (Gn 1,28). De ahí que el cultivo verdadero del amor conyugal y todo el sistema de vida familiar que de él procede, sin dejar posponer los otros fines del matrimonio, tiende a que los esposos estén dispuestos con fortaleza de ánimo a cooperar con el amor del Creador y Salvador, que por medio de ellos aumenta y enriquece su propia familia cada día más." (CIC, n° 1652, citando *Gaudium et Spes*, 50)

Audiencias Generales de Juan Pablo II

11 de julio a 28 de noviembre de 1984. Es probable que también quiera leer la encíclica del Papa Pablo VI *Humanae Vitae*, *De la vida humana. Sobre la regulación de la natalidad* (disponible en la página web del Vaticano, en los documentos del Papa Pablo VI: www.vativan.va)

Conceptos Claves

Conexión inseparable: el vínculo inseparable entre los dos fines propios de la relación sexual, tal como Dios lo dispuso: la unión de la pareja y la procreación

Planificación familiar natural (PFN): regulación de la natalidad a través de la abstinencia periódica de la unión sexual siguiendo los signos de la fertilidad de la mujer. Cuando se usa adecuadamente la PFN puede ayudar a la pareja a crecer en castidad y amor mutuo.

Ley natural: La comprensión del bien y el mal, que está inscrita en cada persona y es que perceptible a través de la razón humana.

Tecnologías reproductivas: intervenciones médicas que buscan conseguir la procreación humana, muchas de las cuales separan el significado unitivo y procreativo de la sexualidad humana y minimizan la dignidad de los niños concebidos a través de ellos.

Preguntas para la reflexión y discusión

1. Lee las palabras de Eva en Génesis 4,1. ¿Cómo indican sus palabras que concebir un hijo es una forma de co-creación con Dios?

2. Observa la bendición de Rebeca en Génesis 24,60 y el Salmo 127. ¿Por qué ven las Escrituras a los hijos como un don? ¿De qué manera nuestra cultura no lo ve así?

3. ¿Qué significa que el amor de Dios siempre dador de vida para nosotros? Piensa en algunos ejemplos en tu propia vida en que has visto esto.

4. ¿En qué formas concretas los matrimonios pueden ayudarse mutuamente a crecer en santidad?

5. ¿Qué diferencia intrínseca existe entre la PFN y la contracepción artificial?

6. Lee Romanos 6,15-23. ¿Cuál es la diferencia entre la libertad basada en la verdad tal y como el Papa lo comprende y la libertad como es comprendida por el mundo que nos rodea?

Aplicaciones Prácticas

Piensa en alguien que conoces que está luchando para cuidar a sus hijos en circunstancias difíciles. Da gracias al Señor por el don de esos niños que están en el mundo y encuentra una forma de ayudar a sus padres, afirmándolos con un apoyo práctico.

Versículo para memorizar

"Los hijos son un regalo del Señor,
el fruto del vientre es una recompensa;
como flechas en la mano de un guerrero
son los hijos de la juventud.
¡Feliz el hombre que llena con ellos su aljaba!"

—Salmo 127,3-5

Capítulo Nueve

Construyendo una Cultura de la Vida

Al igual que la Biblia, la trilogía de J.R.R. Tolkien *El Señor de los Anillos es* uno de los libros más populares en la historia. Quizás es providencial que la novela de Tolkien y las películas basadas en ellas hayan llegado a la imaginación de dos generaciones. En el género fantástico, la historia desvela verdades espirituales que son profundamente relevantes para el mundo en que nos encontramos—e incluso para la teología del cuerpo.

En *El Señor de los Anillos* vemos fuerzas que se reúnen para una batalla de dimensión cósmica. Dos culturas se confrontan. Por un lado está Shire, una tierra basada en las alegrías del hogar, la amabilidad, la amistad y los vínculos ancestrales—un mundo construido sobre el matrimonio y la familia. Por el otro lado está Mordor, una tierra carente de amor, sin matrimonios, familias ni algún compromiso personal; un mundo cuya meta es destruir Shire y todo lo que representa.

En el centro de la guerra está un anillo. Este anillo no vincula a través de un amor de alianza sino que esclaviza a través de la lujuria, la mentira y la ambición. De hecho es la antítesis de una alianza matrimonial. Se podría llamar el "anillo anti-matrimonial".

También nosotros estamos en un mundo donde se están uniendo fuerzas para una gran guerra—en nuestro caso, una guerra cultural. También nosotros nos enfrentamos a un "anillo anti-matrimonial" en una forma que está socavando la alianza matrimonial y todo lo que ella protege: la familia, la dignidad del hombre y la mujer, la santidad de la vida humana. Nuestros enemigos en esta batalla no son hombres, sino "los principados y potestades, ... los soberanos de este mundo de tinieblas..." (Efesios 6,12), cuya meta no es nada menos que destruir la humanidad.

La voz profética del Papa Juan Pablo II ha reconocido hace mucho tiempo que la amenaza actual contra el matrimonio y la familia pone en peligro no solamente la vida de individuos sino también la civilización misma. Como dice, "el futuro de la humanidad se fragua en la familia."[47] La familia es el lugar donde una persona aprende lo que significa ser un ser humano. Como vaya la familia, así va la humanidad.

El divorcio, la contracepción, el aborto, la clonación y el matrimonio entre personas del mismo sexo son todos un ataque contra el plan de Dios para la vida y el amor. Y dado que el matrimonio es el símbolo revelador más profundo de la relación de Dios con nosotros, estos males oscurecen la faz de Dios. Es claro así que también nosotros estamos en la "Guerra del Anillo." Como los personajes en la novela de Tolkien, cada uno de nosotros está llamado a jugar nuestra parte en conseguir destruir *el anillo anti-matrimonial* hasta su destrucción definitiva—en la fosa de fuego en que fue forjada—y en su lugar, edificar una civilización fundada en la verdad y el amor.

El evangelio de la vida

En esta perspectiva podemos apreciar la intensidad con la cual Juan Pablo II ha hablado incesantemente en defensa de la vida humana y de la familia. Diez años después de haber completado sus reflexiones sobre la teología del cuerpo, Juan Pablo II escribió su encíclica *El Evangelio de la Vida*.[48] Esta carta es un llamamiento profético a toda la humanidad, especialmente a los cristianos, a que comprendan el don que es la vida. Es un llamamiento a captar el misterio por el cual Dios no sólo creó la vida humana a su imagen sino que también sufrió para re-crearla. Entrar en la visión profética del Papa nos hará profundizar tanto en nuestra propia conversión como en la necesidad de ser testigos ante el mundo, que está sufriendo tantas penas como resultado de los pecados contra la vida.

La súplica por la vida humana no viene meramente del Papa; viene de Dios mismo. En el antiguo mundo pagano se elevaban muchos gritos y oraciones a los dioses, suplicando por la reparación de las injusticias humanas. Pero en Israel hay algo único: es *Dios mismo* el que suplica que haya justicia, y amenaza con castigar los crímenes contra los derechos humanos. "Escuchen esto, ustedes, los que pisotean al indigente para hacer desaparecer a los pobres del país. … El Señor lo ha jurado por el orgullo de Jacob: Jamás olvidaré ninguna de sus acciones!" (Amós 8,4.7). "¡Cesen de hacer el mal, aprendan a hacer el bien! ¡Busquen el derecho, socorran al oprimido, hagan justicia al huérfano, defiendan a la viuda!" (Isaías 1,16-17).

El *Evangelio de la Vida* es un documento profético, porque en él el Papa habla como un "embajador de Cristo"; y "es Dios el que exhorta a los hombres por su intermedio" (véase 2 Corintios 5,20). Siguiendo el ejemplo de los profetas, el Papa se convierte explícitamente en la voz de los que no tienen voz:

> "También se debe señalar aquella lógica que tiende a *identificar la dignidad personal con la capacidad de comunicación verbal y explícita y*, en todo caso, experimentable. Está claro que, con estos presupuestos, no hay espacio en el mundo para quien, como el que ha de nacer o el moribundo, es un sujeto constitutivamente débil, que parece sometido en todo al cuidado de otras personas, dependiendo radicalmente de ellas…."[49]

La preocupación por cada individuo, no importa lo "inútil" que parezca a los ojos de otros, sólo puede venir de una visión trascendente de la vida humana. Como hemos visto, las primeras páginas del Génesis desvelan esta visión trascendente. "Entonces el Señor Dios modeló al hombre con arcilla del suelo y sopló en su nariz un aliento de vida. Así el hombre se convirtió en un ser viviente" (Génesis 2,7). Hay algo de Dios en el ser humano, que es animado por el mismo aliento de su Creador y es destinado a compartir la vida con él por la eternidad. Juan Pablo II dice:

> "El hombre está llamado a una plenitud de vida que va más allá de las dimensiones de su existencia terrena, ya que consiste en la participación de la vida misma de Dios. Lo sublime de esta vocación sobrenatural manifiesta la *grandeza y el valor* de la vida humana" … "Esta vida mortal, a pesar de sus tribulaciones, de sus oscuros misterios, sus sufrimientos, su fatal caducidad, es

un hecho bellísimo, un prodigio siempre original y conmovedor, un acontecimiento digno de ser cantado con júbilo y gloria."[50]

Este testimonio a la bondad de la vida humana es el corazón de *El Evangelio de la Vida*. La encíclica pone una especial atención a dos aspectos opuestos de esta verdad: La atrocidad del asesinato y el misterio de la muerte dadora de vida de Jesús.

"Caín, ¿Qué has hecho?"

El primer capítulo del *Evangelio de la Vida* es una meditación sobre el asesinato de Abel por parte de Caín, según el relato de Génesis 4,1-16. Con esta historia el libro del Génesis comienza a rastrear la larga historia del pecado que se extiende desde Adán a Abrahán y más allá. La consecuencia más inmediata de las transgresiones de Adán y Eva es el pecado "que acecha a la puerta" del corazón de Caín, y que es el origen último de los celos y el conflicto fratricida.

El Papa nos lleva a compartir la perspectiva de Dios ante el horror de una vida humana tomada injustamente:

"Como en el primer fratricidio, en cada homicidio se viola el parentesco "espiritual" que agrupa a los hombres en una única gran familia, donde todos participan del mismo bien fundamental: la idéntica dignidad personal. Además, no pocas veces se viola también el *parentesco "de carne y sangre", por ejemplo,* cuando las amenazas de la vida se producen en la relación entre padres e hijos, como sucede con el aborto, o cuando, en un contexto familiar o de parentesco más amplio, se favorece o se procura la eutanasia."[51]

Cada ser humano es una *persona*, creada para alcanzar la realización a través de una relación personal con Dios, quien ama a cada individuo y tiene un plan para su pleno florecimiento en el tiempo y en la eternidad. Sólo Dios puede decidir el momento de su muerte. Cuando nos ponemos en este rol, caemos en el error de intentar también nosotros alcanzar el conocimiento del bien y el mal que introdujo la muerte al mundo, en el principio. Así como Dios preguntó a Adán, "¿Dónde estás? (Génesis 3,9) también le preguntó a Caín, "Dónde está … tu hermano?" (Génesis 4,9). El Papa señala:

> "Caín no quiere pensar en su hermano y rechaza asumir aquella responsabilidad que cada hombre tiene en relación con los demás. Esto hace pensar espontáneamente en las tendencias actuales de ausencia de responsabilidad del hombre hacia sus semejantes, cuyos síntomas son, entre otros, la falta de solidaridad con los miembros más débiles de la sociedad—es decir, ancianos, enfermos, inmigrantes y niños—y la indiferencia que con frecuencia se observa en la relación entre los pueblos, incluso cuando están en juego valores fundamentales como la supervivencia, la libertad y la paz".[52]

El Papa describe nuestra sociedad contemporánea—impregnada como está por estas tendencias—como la "cultura de la muerte". El rasgo principal de la cultura de muerte es que ve la muerte como una solución a los problemas: problemas de población, de lucha étnica, de embarazos no deseados, de sufrimiento físico, incluso de ira entre estudiantes de bachillerato. Caín también, ve la muerte de su hermano como la única solución a sus propios sentimientos de celos e inadecuación—y después su propia muerte como la solución a su culpabilidad.

Pero Dios nunca ve la muerte como una solución. Él puso una marca en Caín, "no para condenarle al odio de otros, sino para protegerlo y defenderlo de aquellos que desean matarle, incluso de aquellos que desean vengar la muerte de Abel."[53]

Dios amó tanto al mundo

La vida humana es tan preciosa que, a través de la muerte y resurrección del Hijo de Dios, se convirtió en el don de la Trinidad por el cual la humanidad es reconciliada y llevada a compartir la vida divina. En el misterio de la cruz vemos claramente la verdad de los versículos del Libro de la Sabiduría:

> "Porque Dios no ha hecho la muerte ni se complace en la perdición de los vivientes. El ha creado todas las cosas para que subsistan; … Dios creó al hombre para la inmortalidad y lo hizo

a imagen de su propia naturaleza, pero por la envidia del demonio entró la muerte en el mundo, y los que pertenecen a él tienen que padecerla."

—SABIDURÍA 1,13-14; 2,23-24

En Cristo, la última palabra para los seres humanos no es la muerte sino la *vida*. Este es el corazón de la nueva alianza entre Dios y la humanidad, que Jesús efectuó en su propio cuerpo: Porque "Dios amó tanto al mundo, que entregó a su Hijo único para que todo el que cree en él no muera, sino que tenga Vida eterna" (Juan 3,16). A través de su cuerpo glorificado y radiante tenemos de nuevo vida. La muerte ha sido conquistada, y la existencia humana fue transformada por el pacto de Dios en favor de la vida, para siempre.

El secreto de esta transformación es el amor. Jesús se ofreció en un amor tan infinito que pasó del tiempo al corazón mismo de Dios—y nos llevó con él.

"Por lo tanto, hermanos, tenemos plena seguridad de que podemos entrar en el Santuario por la sangre de Jesús, siguiendo el camino nuevo y viviente que él nos abrió a través del velo del Templo, que es su carne. También tenemos un *Sumo Sacerdote* insigne al frente de *la casa de Dios*. Acerquémonos, entonces, con un corazón sincero y llenos de fe, …".

—HEBREOS 10,19-22

Cuando empezamos a comprender y nos damos cuenta de la inmensidad de la auto-entrega de Dios en Cristo, apreciamos mejor la dignidad insospechable de la vida humana. El Papa, reflexionando sobre la pasión, en el Evangelio de Juan escribe:

"Existe todavía otro hecho concreto que llama mi atención y me hace meditar con emoción: «Cuando tomó Jesús el vinagre, dijo: "Todo está cumplido". E inclinando la cabeza entregó el espíritu». (Jn 19,30). Y el soldado romano « le atravesó el costado con una lanza y al instante salió sangre y agua (Jn 19,34).

Todo ha alcanzado ya su pleno cumplimiento. La «entrega del espíritu» presenta la muerte de Jesús semejante a la de cualquier otro ser humano, pero parece aludir también al «don del Espíritu», con el que nos rescata de la muerte y nos abre a una vida nueva.

El hombre participa de la misma vida de Dios."[54]

La victoria de Jesús sobre la muerte revela que no hay pecado contra la vida, no importa lo grande que sea, que no pueda ser perdonado. No existe herida interna que no pueda ser sanada, ninguna autoimagen rota que no pueda ser restaurada, ningún hábito de desorden en nuestro pensamiento o relación que no pueda corregirse—todo gracias al poder del amor infinito que se derrama del costado traspasado de Jesús. Este es el mensaje de esperanza que tenemos que llevar a un mundo que ha perdido su orientación.

Evangelizando la cultura

El poder de la teología del cuerpo está en que nos abre a la visión de Dios, ayudándonos a comprender lo que significa la vida humana. Es la espada de la Palabra de Dios "reforjada": Es la verdad sobre la humanidad revelada desde el principio en las Escrituras, pero que se hace ahora accesible de una forma nueva, aguda, penetrante y poderosa. Una vez que empezamos a comprender las implicaciones plenas de esa visión, despertamos al hecho de que somos llamados a ser testigos de ello con nuestras vidas.

Como se menciona arriba, la batalla a favor del futuro de la humanidad no es contra los hombres (eso sería contradictorio para nosotros) sino contra la antigua serpiente y sus secuaces; los enemigos espirituales que están detrás de cada intento de rebajar, degradar y destruir la dignidad de la persona humana. Nuestras principales armas en esta guerra son la *verdad* y el *amor*.

En nuestra cultura, donde tantas personas, incluyendo a los cristianos, ignoran el "gran misterio" revelado en nuestros cuerpos y la tremenda destrucción que ocurre cuando es profanado, estamos llamados a ser imágenes vivas de la verdad que les hará libres. Si vamos a llevar el evangelio de la vida al corazón de cada hombre y mujer, el primer paso es permitirnos a nosotros mismos ser transformados interiormente renovando nuestra manera de pensar (cf. Romanos 12,2) y viviéndolo nosotros mismos de forma auténtica. Al mismo tiempo tenemos que buscar la forma de que este mensaje de vida penetre en cada parte de la sociedad—en lo social, lo cultural, lo económica, la política, la educación—hasta que cada institución reconozca y apoye el inmensurable don de la vida humana.

Pero, como lo reconoce Juan Pablo II, se necesita valentía para dar semejante testimonio.

"Ante las innumerables y graves amenazas contra la vida en el mundo contemporáneo, podríamos sentirnos como abrumados por una sensación de impotencia insuperable: ¡el bien nunca podrá tener la fuerza suficiente para vencer el mal!

Este es el momento en que el Pueblo de Dios, y en él cada creyente, está llamado a profesar, con humildad y valentía, la propia fe en Jesucristo, "Palabra de vida" (1 Jn 1,1)."[55]

"[Esto incluye] el valor de *asumir un nuevo estilo de vida* que se manifieste en poner como fundamento de las decisiones concretas—a nivel personal, familiar social e internacional—la justa escala de valores: *la primacía del ser sobre el tener, de la persona sobre las cosas*."[56]

La familia tiene un papel especial en este trabajo. Citando a Pablo VI, el Papa hace hincapié en el testimonio irremplazable de una vida familiar que está impregnada por la alegría radiante y el amor de Cristo:

"La familia, al igual que la Iglesia, debe ser un espacio donde el Evangelio es transmitido y desde donde éste se irradia. Dentro pues de una familia consciente de esta misión, todos los miembros de la misma evangelizan y son evangelizados. Los padres no sólo comunican a los hijos el Evangelio, sino que pueden a su vez recibir de ellos este mismo Evangelio profundamente vivido… Una familia así se hace evangelizadora de otras muchas familias y del ambiente en que ella vive."[57]

Es natural suponer que las grandes fuerzas de la historia, los movimientos que darán forma al mundo futuro, están más allá de nuestra influencia. ¡Pero no es así! Las aparentemente pequeñas opciones por el bien o el mal hechas por gente aparentemente insignificante, pueden tener repercusiones inmensas para el futuro. Cada persona tiene un papel crucial e irremplazable, cuya importancia no será revelada hasta que el drama se concluya. Dios nos llama a cada uno de nosotros a que elijamos el bien, aún cuando nos ponga en riesgo. Él nos llama a infundir en cada dimensión del panorama cultural las buenas noticias del evangelio de la vida—incansablemente, con perseverancia y con confianza inquebrantable en el triunfo final del Señor resucitado.

Herramientas de estudio

Textos de la Sagrada Escritura

Génesis 4,1-16
Salmo 139
1 Juan 1,1-4
Romanos 8,28-29

Doctrina de la Iglesia

"*¿Por qué la vida es un bien?* La pregunta recorre toda la Biblia, y ya desde sus primeras páginas encuentra una respuesta eficaz y admirable. La vida que Dios da al hombre es original y diversa de la de las demás criaturas vivientes, ya que el hombre, aunque proveniente del polvo de la tierra (cf. Gn 2,7; 3,19; Jb 34,15; Sal 103 102,14; 104 103,29), *es manifestación de Dios en el mundo, signo de su presencia, resplandor de su gloria* (cf. Gn 1,26-27; Sal 8,6). Es lo que quiso acentuar también san Ireneo de Lyon con su célebre definición: «el hombre que vive es la gloria de Dios»." (Juan Pablo II, *El Evangelio de la Vida*, 34; énfasis en el original)

Escritos de Juan Pablo II

Leer todo o parte de la encíclica de Juan Pablo II *El Evangelio de la Vida (Evangelium Viatae)*. Disponible en la página web del Vaticano, bajo las Encíclicas del Papa Juan Pablo II: www.vatican.va.

Preguntas para la reflexión y Discusión

1. En un ambiente de oración, lea Génesis 4,1-16. ¿Por qué tiende la gente a ver la muerte como solución a los problemas? ¿Cuál es la respuesta de Dios a esta tendencia?
2. Lea y medite el salmo 139. ¿Cómo muestra este salmo la ternura de Dios y el interés intenso y personal por cada persona humana?
3. Lea el relato de la crucifixión en Juan 19. ¿Qué significa decir que Jesús conquistó la muerte?
4. Lea Filipenses 1,20 y Apocalipsis 2,10. ¿Por qué dar testimonio del evangelio de vida requiere valentía?
5. ¿Qué percepciones nuevas sobre la dignidad de la vida humana te ha dado la teología del cuerpo?
6. ¿De qué formas concretas te está llamando Dios a edificar la cultura de vida?

Aplicación práctica

Pregunta al Señor cómo puedes compartir la buena nueva de la teología del cuerpo esta semana, en una forma que impacte de manera práctica la cultura que te rodea.

Versículos para memorizar

"Porque Dios no ha hecho la muerte
ni se complace en la perdición de los vivientes."

—SABIDURÍA 1,13

"Dios creó al hombre para que fuera incorruptible
y lo hizo a imagen de su propia naturaleza,
pero por la envidia del demonio entró la muerte en el mundo,
y los que pertenecen a él tienen que padecerla."

—SABIDURÍA 2,23-24

Fuentes para profundizar en el tema

Obras citadas del Papa Juan Pablo II

Karol Wojtyla (Juan Pablo II). *Amor y Responsabilidad: Estudio de Moral Sexual*. Caparrós, 2008.

Juan Pablo II. Encíclica *Evangelium Vitae. El Evangelio de la Vida* (1995).

Juan Pablo II. Exhortación apostólica *Familiaris Consortio. Sobre la Misión de la Familia Cristiana en el Mundo Actual* (1981).

Juan Pablo II. Carta apostólica *Mulieris Dignitatem. Sobre la Dignidad y la Vocación de la Mujer* (1998).

Juan Pablo II. *El Amor Humano en el Plan Divino*. San Pablo, 2014.

Juan Pablo II. *Carta a las Familias* (1994).

Notas

Introducción

[1] Este es el título de un libro escrito por el consejero matrimonial John Gray: *Los Hombres son de Marte, las Mujeres son de Venus: Una Guía Práctica para Mejorar la Comunicación y Conseguir lo que Quieras en tus Relaciones* (San Francisco: Harper Collins, 1992).

[2] Juan Pablo II, *El Redentor del Hombre* (*Redemptor Hominis*), n° 10.

[3] En los Estados Unidos, contactar: John Paul II Institute for Studies on Marriage and Family (Instituto Juan Pablo II para estudios sobre el Matrimonio y la Familia), Washington, DC 20017. Página web: www.johnpaulii.edu.

[4] George Weigel, *Witness to Hope: The Biography of Pope John Paul II* (New York: HarperCollins, 1999), p. 343.

[5] El texto de los discursos del Papa están disponibles aquí: http://www.gratisdate.org/archivos/pdf/67.pdf. Cuando cito las enseñanzas del Papa, incluyo la fecha en la nota correspondiente, para que puedan ser fácilmente encontradas en cualquiera de los lugares citados.

Capítulo 1: Volver al principio

[6] La palabra hebrea *adam* (hombre), al igual que la palabra "*hombre*" en la lengua castellana, puede significar tanto "ser humano" como específicamente "ser humano masculino". Su sentido se deduce del contexto.

[7] Juan Pablo II, Audiencia del 20 de febrero, 1980, n° 4.

Capítulo 2: Humanidad Original

[8] Ver *Catecismo de la Iglesia Católica*, CIC n° 390.

[9] Evidencias médicas y psicológicas confirman el hecho que, aunque puede haber factores de predisposición, la homosexualidad no es una condición genética determinada que no se pueda cambiar. Ver declaración hecha por la Asociación Médica Católica sobre "Homosexualidad y Esperanza", disponible en www.cathmed.org.

Capítulo 3: Humanidad caída

[10] Juan Pablo II, Audiencia del 23 de julio, 1980, n° 1.

[11] Papa Juan Pablo II, *Sobre la Dignidad y Vocación de la Mujer* (*Mulieris Dignitatem*, 1988), n° 10. Disponible en la página web del Vaticano.

[12] *Exsultet*, de la traducción inglesa del *Misal Romano*, 2ª edición típica (Nueva York: Catholic Book Publishing, 1985).

Capítulo 4: Humanidad Redimida

[13] Juan Pablo II, Audiencia del 29 octubre 1980, n° 4 (énfasis en cursiva añadido).

[14] Audiencia del 29 octubre, 1980, n° 5.

[15] Audiencia del 5 noviembre, 1980, n° 5.

[16] Audiencia del 12 noviembre, 1980, n° 1.

[17] Audiencia del 12 noviembre, 1980, n° 3.

[18] Ver Audiencia del 1 abril, 1981, n° 7.

[19] Audiencia del 3 diciembre, 1980, n° 6.

[20] Audiencia 18 marzo, 1981, n° 3.

Capítulo 5: Humanidad Glorificada

[21] Juan Pablo II, Audiencia del 9 diciembre, 1981, n° 4.

[22] Audiencia del 9 diciembre 1981, n° 3.

Capítulo 6: Matrimonio: El Sacramento Primordial

[23] Juan Pablo II, Audiencia del 8 Septiembre, 1982, n° 1.

[24] Audiencia del 20 octubre, 1982, n° 2.

[25] Audiencia del 22 septiembre 1982, n° 2.

[26] Audiencia del 12 enero 1983, n° 3.

[27] Rabino Aqiba (c. D.C. 135), citado en Marvin H. Pope, *Song of Songs: A New Translation with Introduction and Commemtary* [*Cantar de los Cantares:*

Una nueva traducción con Introducción y Comentario], Anchor Bible (Garden City, NY: Doubleday, 1977) pp 19, 92.

[28] Audiencia del 13 octubre, 1982, n° 4.

[29] Audiencia del 7 de febrero 2001, n° 3.

Capítulo 7: Viviendo el Misterio

[30] Juan Pablo II, Audiencia del 15 agosto, 1982, n° 4.

[31] Audiencia del 1 septiembre, 1982, n° 7.

[32] Juan Pablo II, carta apostólica *Sobre la Dignidad y Vocación de la Mujer*, disponible en la página web del Vaticano.

[33] *Sobre la Dignidad y Vocación de la Mujer*, 24; todo el énfasis está en el original.

[34] Los católicos orientales y los ortodoxos tienen un punto de vista ligeramente distinto, pues para ellos el sacerdote es el ministro del sacramento. Sin embargo el efecto es el mismo.

[35] Ver Juan Pablo II, Audiencia del 26 enero 1983, n° 2.

Capítulo 8: El amor es fecundo

[36] En cada analogía que se refiera a Dios, incluso las reveladas en las Escrituras, tenemos que recordar el hecho de que Dios transciende infinitamente las realidades humanas. Dios no está hecho a imagen del hombre, sino el hombre a imagen de Dios.

[37] El texto completo de esta encíclica (*Humanae Vitae*) está disponible en la página web del Vaticano, entre las encíclicas del Papa Pablo VI: www.vatican.va.

[38] Pablo VI, *Humanae Vitae*, n°s 11-12.

[39] Vaticano II, *Gaudium et Spes*, n° 51.

[40] Juan Pablo II, Audiencia del 19 enero 1983.

[41] Citado en Christopher Wolfe, ed., *Same Sex Matters: The Challenge of Homosexuality* (Dallas: Spence 2000), p. 30.

[42] Juan Pablo II, *Sobre la Misión de la Familia Cristiana en el Mundo Actual* (*Familiaris Consortio*), n° 32.

[43] Janet Smith, "Anticepción: ¿Por qué no?" CD, se puede obtener gratis de: One More Soul, 1-800-307-7685.

[44] Estudios han comprobado que los métodos de Planificación Familiar Natural (PFN), usados consistentemente, tienen mayor éxito en prevenir un embarazo que el condón o la píldora. Ver al respecto: Robert A. Hatcher, *Contraceptive*

Technology [*Tecnología anticonceptiva*], 17ª edición revisada (New York: Irvington Press 1998).

[45] Juan Pablo II, Audiencia del 1 de agosto de 1984, citando Vaticano II, *Gaudium et Spes*, n° 50.

[46] El Instituto Papa Pablo VI está ubicado en Omaha, Nebraska. Tel. 1-402-390-6600 o visitar www.popepaulvi.com.

Capítulo 9: Construyendo una Cultura de la Vida

[47] Juan Pablo II, *Sobre la Misión de la Familia Cristiana en el Mundo Actual*, n° 86.

[48] Juan Pablo II, Carta Encíclica *El Evangelio de la Vida* (*Evangelium Vitae*), n° 19, disponible en la página web del Vaticano.

[49] Juan Pablo II, *El Evangelio de la Vida*, n° 19.

[50] *El Evangelio de la Vida*, n° 2, 84, citando al Papa Pablo VI, *Pensiero a la morte* (Brescia, Italia; Instituto Paolo VI, 1988), p. 24.

[51] Ver *El Evangelio de la Vida*, n° 8.

[52] *El Evangelio de la Vida*, n° 8.

[53] *El Evangelio de la Vida*, n° 9.

[54] *El Evangelio de la Vida*, n° 51.

[55] *El Evangelio de la Vida*, n° 29.

[56] *El Evangelio de la Vida*, n° 98.

[57] *Sobre la Misión de la Familia Cristiana en el Mundo Actual*, n° 52.

Made in the USA
Monee, IL
20 September 2022

14289191R00063